NIKOLAUS PIPER

# WIR UNTER-TANEN

**Wie wir unsere Freiheit aufgeben,
ohne es zu merken**

ROWOHLT

1. Auflage Mai 2019
Copyright © 2019 by
Rowohlt Verlag GmbH, Hamburg bei Reinbek
Einbandgestaltung
ZERO Werbeagentur, München
Satz aus der Minion Pro
bei Pinkuin Satz und Datentechnik, Berlin
Druck und Bindung CPI books GmbH,
Leck, Germany
ISBN 978 3 498 05250 8

*Für Christine*

# INHALT

# BROT UND FREIHEIT

**A**m 10. Mai 1953 hielt der Schriftsteller Albert Camus in der Industriestadt St. Denis, einer Hochburg der Kommunistischen Partei Frankreichs, eine historische Rede mit dem Titel *Brot und Freiheit*. Camus war damals schon berühmt wegen seiner Romane *Der Fremde* und *Die Pest* und auch wegen seiner Beteiligung am Widerstand gegen die deutschen Besatzer im Zweiten Weltkrieg. Bei seiner Ansprache in der *Bourse de Travail*, einer Art Selbsthilfeorganisation der Gewerkschaften, ging es ihm vor einem dezidiert linken Publikum und mitten im Kalten Krieg darum, was wichtiger ist – der Kampf für Gerechtigkeit oder der für die Freiheit. Weite Teile der französischen Linken seiner Zeit hatten sich entschieden. Sie kämpften für höhere Löhne und Arbeiterrechte in Frankreich, hatten aber keinerlei Probleme mit der totalitären Sowjetunion und der ihr treu ergebenen Kommunistischen Partei. Camus versuchte seine Zuhörer davon zu überzeugen, dass dies ein fundamentaler Irrtum sei. «Denn selbst wenn die Gesellschaft sich mit einem Schlag verwandeln und jedermann anständige, behagliche Lebensbedingungen bieten sollte, aber der Freiheit mangelte, wäre sie noch immer eine Barbarei.» In Westeuropa stehe die Freiheit offiziell hoch im Kurs, sagte Camus, doch sie erinnere ihn «unwillkürlich an jene arme Verwandte, der wir in gewissen bürgerlichen Familien begegnen. Die Verwandte ist verwitwet, sie hat ihren naturgegebenen Beschützer verloren, also hat man sie aufgenommen, ihr ein Dachstübchen zugewiesen und ihr Zutritt zur Küche gewährt. Zuweilen zeigt man sie sonntags in Gesellschaft vor, um zu beweisen, dass man der Tugendhaftigkeit nicht entbehrt und kein Unmensch ist.»[1] Ernst genommen werde die Freiheit in Wahrheit nicht.

Die Welt ist heute eine andere als zu Camus' Zeiten. Westeuropa ist eine Insel des Wohlstands und der Freiheit. Am 9. November 1989 fiel die Berliner Mauer, und der Kalte Krieg ging zu Ende. Den sowjetischen Kommunismus, mit dem sich der Schriftsteller und die Gewerkschafter in St. Denis auseinandersetzen mussten, gibt es nicht mehr. Die Spaltung Europas ist überwunden, auf dem einst von Kriegen zerstörten Kontinent gibt es eine Union freier Staaten, von denen die meisten durch eine gemeinsame Währung verbunden sind und zwischen denen es keine Schlagbäume mehr gibt. Camus' Problem von Freiheit und Gerechtigkeit ist, könnte man meinen, in Europa gelöst. Ganz im Sinne des amerikanischen Politologen Francis Fukuyama, der 1992 das «Ende der Geschichte» gekommen sah, weil sich die Kombination von liberaler Demokratie und Marktwirtschaft als nicht schlagbares Modell für die ganze Welt erwiesen hatte. Die Freiheit hatte gesiegt. Werte wie Selbstbestimmung der Menschen, Begrenzung des Staates, freie Märkte und internationale Zusammenarbeit sollten nicht mehr bestritten werden.

Aber das Gegenteil ist eingetreten. Zwar hat die Welt nach dem Fall des Eisernen Vorhangs tatsächlich eine liberale Phase durchlebt. Doch dieser Liberalismus ist – unter dem Namen «Neoliberalismus» – für viele zum Feind geworden. Die Globalisierungswelle, also der sprunghafte gestiegene Austausch von Waren, Kapital und Menschen, verunsichert die Gesellschaften zutiefst. Sie hat Wohlstand geschaffen, wie es die liberale Handelstheorie voraussagt, aber dieser Wohlstand kam nicht bei allen Menschen an. Die Globalisierung ist zwar technisch und ökonomisch getrieben, sie wurde aber ermöglicht durch den Abbau von Handelsschranken, ganz im liberalen Sinne. Die Reaktion auf die Globalisierung sind ein immer aggressiver werdender Antiliberalismus und der Kult des alten Nationalstaats. Der Aufstieg der Volksrepublik China zur zweitgrößten Volkswirtschaft der Welt scheint zu beweisen, dass wirtschaftlicher Erfolg auch in einer Diktatur ohne jede liberale Anwandlung möglich ist. Im Jahr 2018 hat der israelische Autor Yoram Hazony plötzlich Erfolg mit einem leidenschaftlichen Plädoyer für einen neuen Nationalismus.[2] In den Vereinigten Staaten hat mit der Wahl von Donald Trump zum Präsidenten dieser neue, antiliberale Nationalismus 2016 begonnen: *America First*. Russland wird nach einer kurzen und chaotischen Phase zu Beginn der 1990er Jahre unter Wladimir Putin immer autokratischer nach innen und aggressiver nach außen. In Deutschland, das von der liberalen Globalisierung profitiert hat wie kaum ein anderes Land, breitet sich das Gefühl aus, dass alles immer ungerechter wird. Camus' Frage nach Freiheit und Gerechtigkeit stellt sich plötzlich neu. Wie viel Freiheit und Bürgerrechte sind wir bereit zu opfern, um die Globalisierung zurückzudrängen und Einwanderer von unseren Grenzen fernzuhalten?

Die Welt ist ein gefährlicher Ort geworden, auch die der reichen Industrieländer. Alles verändert sich mit rasendem Tempo. Vieles Vertraute verschwindet, vieles Neue ist den Menschen unheimlich. Sie erleben die Kräfte von Globalisierung, Digitalisierung und Migration als Kontroll- und Heimatverlust. Als Schuldige an diesem Verlust gelten dabei jene, die den Wandel beherrschen oder zu beherrschen scheinen, die viele Sprachen sprechen und um den Globus jetten – Politiker, Manager, Zentralbankpräsidenten, Intellektuelle –, Leute, die als «liberale Elite» wahrgenommen werden. Auch internationale Institutionen gelten dem antiliberalen Zeitgeist als Feinde, paradoxerweise gerade solche, die einst gegründet wurden, um über den freien Märkten zu stehen: der Internationale Währungsfonds (IWF), die Welthandelsorganisation (WTO) und vor allem die Europäische Union. Der Brexit, der Austritt des Vereinigten Königreichs, ist das antiliberale Projekt schlechthin in Europa. In Frankreich hat das Misstrauen gegen den Staat bedrohliche Ausmaße angenommen. Die Bewegung der *Gilets Jaunes* («Gelbwesten») richtet sich gegen die empfundene Abgehobenheit von Präsident Emmanuel Macron, aber auch gegen Reformen per se. In fast allen Industriestaaten gewinnt nicht nur der Rechtspopulismus an Boden, sondern auch eine militante, xenophobe und oft gewaltbereite Rechte. Unvorstellbar schien bis vor kurzem, dass in Frankreich und zunehmend auch in Deutschland Antisemitismus wieder zum Problem wird.

In Ungarn und Polen, zwei Ländern, die eigentlich eine lange, leidvolle Geschichte von Unfreiheit und Unterdrückung teilen, sind zwei Grundpfeiler jedes freiheitlichen Staates, die Unabhängigkeit der Justiz und die Pressefreiheit, unmittelbar bedroht. Der ungarische Ministerpräsident Viktor Orbán war der Erste, der den Antiliberalismus explizit zu seinem Programm machte. In einer Rede am 26. Juli 2014 im siebenbürgischen Bäile Tuşnad (Bad Tuschnad) gab er die Parole aus, «dass eine Demokratie nicht notwendigerweise liberal sein muss». Die liberale Demokratie – also Rechtsstaatlichkeit, Freiheit, Gleichheit vor dem Gesetz, Marktwirtschaft – galt bis vor kurzem in Europa als garantiert. Nun konstruierte, mitten in der EU, ein regierender Politiker in aller Form einen Gegensatz zwischen Freiheit und Demokratie. Orbáns «illiberale Demokratie» ist mittlerweile ein akzeptiertes Modell in Mittel- und Osteuropa. Gleichzeitig war Orbáns rechts durchwirkte Fidesz-Partei 2018 noch immer Mitglied der Europäischen Volkspartei, in der konservative Parteien aus ganz Europa zusammenarbeiten, darunter auch CDU und CSU. Steve Bannon, rechter Publizist und zeitweiliger ideologischer Berater des amerikanischen Präsidenten Donald Trump, bezeichnete Orbán durchaus zutreffend als «Trump before Trump», also als dessen Vorläufer. Seit Trumps Amtsantritt wachsen ohnehin die Zweifel, ob es «den Westen» als Wertegemeinschaft und Verteidiger der Freiheit überhaupt noch gibt. Der Präsident und seine intellektuellen Unterstützer auf der Rechten haben jedenfalls Abschied genommen von der Idee einer westlichen Weltordnung unter amerikanischem Schutz. Ihr Feind sind die *liberals*, was im amerikanischen Sprachgebrauch immer die Konnotation von «linksliberal», «sozialdemokratisch» oder «progressiv» hat.

Im Deutschen Bundestag sitzt die rechtspopulistische Alternative für Deutschland als stärkste Oppositionspartei. Dabei muss man genau hinsehen. Im Bundestag und im Westen tritt die AfD meist als zwar rechtskonservative, aber noch bürgerliche Protestpartei auf. In Ostdeutschland ist das anders. Dort sind die Grenzen zum offenen Rechtsextremismus fließend. Bei den Landtagswahlen des Jahres 2019 in Brandenburg, Sachsen und Thüringen will sie Wähler gewinnen mit einem national-sozialen Programm unter dem Motto: Mehr Sozialstaat – aber nur für Deutsche. Es ist das klassische antiliberale Programm: Nicht auf den Einzelnen kommt es an, sondern auf das Kollektiv, am liebsten ein völkisch definiertes.

Zur Geschichte gehört aber auch, und das wird leicht vergessen, dass dem antiliberalen Angriff von rechts Jahrzehnte vorausgegangen sind, in denen auf der Linken und bis hinein in die Mitte der Gesellschaft das antiliberale Ressentiment gepflegt wurde – im Namen des Kampfes gegen das, was man als «Neoliberalismus» bezeichnet. Neoliberal stand und steht für alles, was schlecht ist auf dieser Welt, für Ungleichheit, für die Ausbeutung der Entwicklungsländer, für Konkurrenzdruck und «soziale Kälte». Die Feuilletons dieser Republik sind sich darin einig, dass Neoliberalismus die Ökonomisierung aller Lebensbereiche bedeute, dass er die Demokratie zerstöre, dass er eine unmenschliche und irreführende Ideologie» sei, die «entlarvt» werden müsse.[3] Vor allem aber führe der Neoliberalismus einen ständigen Krieg gegen die soziale Gerechtigkeit. Kritiker des Neoliberalismus, wie die kanadische Autorin Naomi Klein, werden zu Popstars. Für Camus war Gerechtigkeit ohne Freiheit sinnlos, für Antiliberale wird Ungerechtigkeit gerade durch wirtschaftliche Freiheit erzeugt. Paradoxerweise wird dieses Ressentiment besonders von Menschen gepflegt, die im Übrigen für eine äußerst liberale Gesellschafts- und Flüchtlingspolitik eintreten.

Die Freiheit ist so auf doppelte Weise gefährdet. Die politische und gesellschaftliche Freiheit wird von rechts, die wirtschaftliche Freiheit von links bekämpft. Die Bedrohung ist in Westeuropa – im Gegensatz zu Osteuropa – nicht akut. In den Vereinigten Staaten unter Trump ist die Lage schon schwieriger, aber bisher haben die bewährten Institutionen der amerikanischen Demokratie den Angriffen des Präsidenten standgehalten. Die Gefahr liegt darin, dass die Gesellschaften den Wert der Freiheit vergessen, dass sie sich an den Antiliberalismus anpassen, dass der Austausch kontroverser Meinungen nicht mehr stattfindet, dass Reformen unterbleiben, weil die Politiker den populistischen Aufstand von rechts oder links fürchten. Gesellschaften drohen zu erstarren und sich der Veränderung zu verweigern.

Das Internet und die sozialen Medien machen Informationen so leicht zugänglich wie nie zuvor in der Geschichte. Sie machen es aber auch leichter, nur noch jene Meinungen zu hören, die einem genehm sind. Wie wichtig es ist, Meinungen zuzulassen, die man zunächst für Unfug hält, wusste schon John Stuart Mill, einer der Gründerväter des Liberalismus im 19. Jahrhundert. «Das besondere Übel, eine Meinungsäußerung zum Schweigen zu bringen, liegt darin, dass man dadurch am menschlichen Geschlecht als solchem einen Raub begeht», schrieb Mill. «Denn wenn die Meinung richtig ist, beraubt man die Menschen der Gelegenheit, ihren Irrtum durch die Wahrheit zu ersetzen; ist sie dagegen falsch, dann nimmt man ihnen, was eine fast ebenso große Wohltat ist, die klarere Erkenntnis und den lebhafteren Eindruck von der Wahrheit, die durch den Widerstreit mit dem Irrtum entstehen.»[4] Wenn eine Gesellschaft nicht mehr offen diskutiert, zahlt sie einen hohen Preis, sie verliert die Fähigkeit, sich zu erneuern, neue Probleme und neue Chancen zu erkennen. Der amerikanische Publizist Walter Lippmann – er wird in diesem Buch noch eine große Rolle spielen – schrieb kurz vor dem Zweiten Weltkrieg: «Nur durch mehr Freiheit zu denken, zu widersprechen, zu debattieren, Fehler zu machen und von diesen Fehlern zu lernen, zu erforschen und gelegentlich zu entdecken, abenteuerlustig zu sein und unternehmerisch, kann der Wandel mehr sein, als eine routinemäßige Wiederkehr des immer Gleichen.»[5]

Der neue antiliberale Nationalismus bedroht in Deutschland vieles als sicher Geglaubte. Mit Donald Trump wird es immer fraglicher, ob die Vereinigten Staaten noch die Führungsmacht des Westens sind, über die man sich zwar oft geärgert hat, die aber im Zweifel die Sicherheit Deutschlands garantierte. Angesichts der Zerrissenheit der amerikanischen Gesellschaft und des aggressiven Nationalismus auf der Rechten ist es sogar fraglich, ob die USA jemals wieder diese Rolle einnehmen werden, selbst wenn Trump nicht mehr im Amt ist. Das autoritär regierte Russland ist zwar wirtschaftlich nicht erfolgreich, stellt aber Grenzen in Europa in Frage und versucht mit großem Aufwand, die öffentliche Meinung in Deutschland zu beeinflussen. Mit seiner international extrem vernetzten Wirtschaft muss sich Deutschland auch wegen der aggressiven Geopolitik der Volksrepublik China sorgen. Ausländische Investitionen, eigentlich eine Selbstverständlichkeit in einer liberal verfassten Volkswirtschaft, sind plötzlich nicht mehr selbstverständlich, wenn im Hintergrund eine Diktatur mit globalem Machtanspruch steht. Und was bedeutet es für die Freiheit in Deutschland, wenn wesentliche Teile der digitalen Infrastruktur aus China kommen, einem Land, in dem schon der Schutz privater Daten keine große Rolle spielt? In China selbst plant die Regierung, bis 2020 über 400 Millionen Überwachungskameras zu installieren. Sie sollen sicherstellen, dass sich die Chinesen in der Öffentlichkeit «vertrauenswürdig» verhalten. Am Ende soll ein «Sozialpunkteregister» stehen, das überprüfen soll, ob jemand ein guter Bürger ist. Das mag in Deutschland noch nicht vorstellbar sein, ist aber angesichts der engen deutsch-chinesischen Handelsbeziehungen alles andere als irrelevant. China ist heute als Kunde und als Lieferant so wichtig, dass in Peking die Versuchung groß ist, eigene Interessen auch gegen den Wertekanon des Geschäftspartners durchsetzen zu wollen.

Der Antiliberalismus im Äußeren und im Inneren ist eine Gefahr für Freiheit und Sicherheit. Heute gilt die Erweiterung der Freiheit unter dem Begriff «Liberalisierung» als Bedrohung – dem einen, linken Teil der Gesellschaft dann, wenn damit die Liberalisierung der Wirtschaft gemeint ist, dem anderen, rechten Teil, wenn es um mehr Freiheit in der Gesellschaft geht, um die gleichgeschlechtliche Ehe etwa, Behandlung von Einwanderern oder die Abtreibung. Und immer mehr Rechtspopulisten geht es um beides, die Deliberalisierung von Wirtschaft und Gesellschaft, die Abkehr vom Prozess der europäischen Einigung, die «illiberale Demokratie» eben. Sie wenden sich dezidiert ab vom westlichen, liberalen Gesellschaftsmodell und suchen die Nähe zum autoritären Nationalismus Russlands.

Zwischen dem linken und dem rechten Antiliberalismus gibt es durchaus Berührungspunkte. Sowohl die derzeitige linksextreme Führung der britischen Labour Party als auch die Sammlungsbewegung «La France insoumise» des französischen Linksaußen Jean-Luc Mélenchon zeigen nationalistische Ausschläge. Nationalismus liegt im Trend, überall in Europa. Und der Feind der Nationalisten ist nicht der Sozialismus, sondern der Liberalismus. Der rechte Publizist Alain de Benoist beeinflusst in Frankreich nicht nur den rechtsextremen Front National, sondern auch einige Linke. De Benoist hat eine Formel für die Zusammenarbeit von Links- und Rechtsextremisten: «Wer Kritik am Kapitalismus übt und dabei die Einwanderung befürwortet, ist ein Betrüger. Wer Kritik an der Einwanderung übt und dabei den Kapitalismus befürwortet, sollte lieber schweigen.» Und wenn de Benoist gegen «die Durchrationalisierung der Welt an der Axiomatik des Eigennutzes» wettert, ist der Unterschied zu linken Globalisierungsgegnern nicht mehr sehr groß.[6] Zu der großen Demonstration am 17. September 2016 gegen das damals noch geplante Freihandelsabkommen TTIP zwischen der EU und den Vereinigten Staaten mobilisierten nicht nur Linke und Grüne, sondern auch die AfD.

Wenn sich aber eine Hoffnung so ins Düstere dreht wie der liberale Aufbruch nach dem Kollaps des kommunistischen Systems, dann ist Ursachenforschung nötig. Warum ist der wohlmeinende und über Jahrzehnte so erfolgreiche Liberalismus zum Gegenstand blinden Hasses geworden? Warum die Rückkehr zum längst überwunden geglaubten Nationalismus, ausgerechnet in einer Zeit, in der die Menschheit über das Internet so eng verbunden ist wie noch nie in der Geschichte? Die Antwort heißt: weil die Globalisierung die Menschen überfordert hat. Den Abbau von Grenzen haben viele als Heimat-, Kontroll- und sogar Demokratieverlust erlebt. Das Problem haben Liberale lange nicht ernst genug genommen, möglicherweise, weil die ökonomischen Argumente für offene Grenzen so überzeugend sind. Es ist höchste Zeit, dass sie dieses Versäumnis korrigieren. Die Globalisierung zu stoppen ist durchaus möglich, Regierungen haben die Macht dazu. Aber der Preis könnte katastrophal hoch ausfallen. Das warnende Beispiel dafür ist die Phase der Deglobalisierung nach dem Ersten Weltkrieg, die in Elend, Faschismus, Nationalsozialismus und Krieg endete. Worum es geht, ist, die Globalisierung zu akzeptieren und zu gestalten. Wem die Zukunft unseres Gemeinwesens am Herzen liegt, der darf die großen Fragen, die sich jetzt stellen, nicht den Nationalisten überlassen: Wie muss demokratische Kontrolle aussehen, wenn politische Entscheidungen in übernationalen Institutionen wie der EU fallen? Wie viel Grenze ist nötig, um die Volkssouveränität zu sichern? Vor allem müssen Liberale den aggressiven Antiliberalismus von links und rechts ernst nehmen und sich mit ihm auseinandersetzen.

Unbestreitbar haben die wachsende Ungleichheit und der obszön zur Schau gestellte Protz einiger Superreicher die Wut auf den Liberalismus befördert. Das Phänomen dieser Superreichen ist die Folge unzureichender Steuergesetze, besonders in den USA. Es hat auch viel zu tun mit Lobbyismus, Unwissen und der mangelnden Durchsetzungskraft gewählter Regierungen demokratischer Staaten in Steueroasen, mit Gier und schlechter Erziehung. Außerdem spielt die Selbstbedienung korrupter Eliten in illiberalen Staaten eine Rolle, wie die unter dem Begriff

«Panama Papers» bekannt gewordenen Enthüllungen 2015 zeigten. Auch der technische und wissenschaftliche Wandel fördert die Ungleichheit. Computerisierung, Internet und Innovationen auf den Finanzmärkten schaffen (meist nur für befristete Zeit) Monopolgewinne, die für den Rest der Gesellschaft empörend wirken können. Die gleichmäßige Besteuerung dieser Gewinne ist in der Tat ein Problem, vor allem in Amerika. In Deutschland hat die Ungleichheit ebenfalls zugenommen, aber weniger dramatisch, wie im dritten Kapitel dieses Buches gezeigt wird. Trotzdem dient diese Ungleichheit vielen als Beleg dafür, dass in der Bundesrepublik alles immer ungerechter zugeht.

Ebenso unbestreitbar ist, dass die Finanzkrise der Jahre 2007 bis 2009 wesentlich zum Aufstieg des Populismus und des Antiliberalismus in der Welt beigetragen hat. Manche Forscher halten es sogar für eine historische Regel, dass auf Krisen des Finanzsystems ein Rechtsruck in den betroffenen Gesellschaften folgt.[7] Es wäre aber ein Fehler, daraus nun zu schließen, dass die Finanzkrise eine große Krise des Neoliberalismus war. In Wirklichkeit wurde sie ausgelöst durch eine Kombination von Fehlentwicklungen auf dem amerikanischen Immobilienmarkt und auf den Märkten für Finanzprodukte. Man kann diese Fehler interpretieren als Folgen einer Liberalisierung der Finanzmärkte, die von Unverständnis für moderne Finanzprodukte getrieben war. So wurde den Investmentbanken erlaubt, in großem Umfang auf eigene Rechnung zu spekulieren und auf diese Weise enorme Risiken in ihren Bilanzen zu sammeln. In den Handelssälen von Bear Stearns, Merrill Lynch, Lehman Brothers und Goldman Sachs saßen junge, hochqualifizierte Leute, die auf das schnelle Geld aus waren, aber noch nie selbst eine Krise erlebt hatten und entsprechend leichtsinnig agierten. Andere Ursachen haben eher mit sozialpolitischen Motiven vieler Politiker zu tun, besonders mit dem Ziel, ärmeren Amerikanern, vor allem schwarzen Familien und solchen mit lateinamerikanischen Wurzeln, zu Hauskrediten zu verhelfen, damit auch sie ihren amerikanischen Traum verwirklichen konnten. Das Ziel wurde zunächst zwar erreicht, aber die Kredite (sie wurden berüchtigt als *subprime loans*) gab es nur zu horrenden Zinsen, die erst die Schuldner und dann die Banken in den Ruin trieben. Eine dritte Ursache ist bis heute nur lückenhaft erforscht. Der frühere Präsident der US-Notenbank Federal Reserve (Fed) Ben Bernanke bezeichnete das Phänomen als «Sparschwemme» (*savings glut*): Es gibt sehr viel mehr Kapital auf der Welt, als zu Renditen angelegt werden kann, die bis vor kurzem noch als normal galten. Das bedeutet, dass Geld anhaltend billig ist und dazu einlädt, übertriebene Risiken einzugehen. Nicht liberale Prinzipien von Markt und Wettbewerb haben die Krise ausgelöst, sondern mangelndes Verständnis für neue Entwicklungen und – zugegeben – die Gier und Hybris in den Handelssälen der Wall Street. All das aber sind keine Symptome für Neoliberalismus, sondern für einen Kulturverfall an den Märkten und falsche Anreizsysteme für Bankenmitarbeiter. Einige Missstände wurden inzwischen durch schärfere Gesetze und Regeln beseitigt oder eingedämmt. Außerdem wirkt die Erinnerung an die Finanzkrise und die Pleite der Investmentbank Lehman disziplinierend. Das ist keine Garantie dafür, dass nicht doch irgendwann einmal wieder eine Krise kommt, aber es zeigt, dass Märkte und Politiker in einem offenen System lernen können.

Was die Finanzkrise allerdings offengelegt hat, sind schwere und umfassende Fehlentwicklungen in vielen Ländern, die zuvor mit Hilfe des billigen Geldes überdeckt werden konnten. In Amerika manifestiert sich das in der tiefen politischen Spaltung des Landes in einen konservativen und einen progressiven Block, die kaum noch miteinander kommunizieren wollen. In Europa waren es die ungelösten Strukturprobleme des Euro – dass etwa Griechenland, unter anderem wegen seines hohen Haushaltsdefizits, noch nicht reif für die Gemeinschaftswährung war oder dass diverse italienische Regierungen unter dem schützenden Dach des Euro ihre unverantwortliche Haushaltspolitik fortsetzten. All das spricht nicht gegen den Neoliberalismus, sondern, im Gegenteil, für eine liberale Erneuerung von Wirtschaft und Gesellschaft.

Leicht vergessen wird über dem Antiliberalismus von links und rechts, dass die Geschichte der Finanzkrise auch eine positive Seite hat. Den Notenbanken der Welt und den Regierungen der G-7-Staaten, der Gemeinschaft der sieben großen Industrieländer, ist es 2008 und 2009 gelungen, den drohenden Absturz in eine neue Weltwirtschaftskrise zu stoppen. Zehn Jahre danach steht die deutsche Wirtschaft so gut da wie seit der Wiedervereinigung nicht mehr. In den Vereinigten Staaten herrscht Vollbeschäftigung. Die Rettung der großen Banken ist für die amerikanischen Steuerzahler mit einem Gewinn ausgegangen. Wenn man so will, ist das ein Erfolg des Neoliberalismus. Gefährdet wird die positive Entwicklung vor allem durch erratische Entscheidungen der Antiliberalen im Weißen Haus, durch Protektionismus und durch den Kampf von Präsident Trump gegen die amerikanische Notenbank.

Dieses Buch richtet sich gegen den grassierenden Antiliberalismus. Der Kampf gegen den Neoliberalismus ist geeignet, nicht nur den wirtschaftlichen Erfolg und den Wohlstand, sondern auch die Grundlagen der demokratischen und freien Gesellschaft zu gefährden, egal ob dieser Kampf im Namen der nationalen Souveränität oder sozialen Gerechtigkeit geführt wird. Es ist aber auch ein Plädoyer für die Erneuerung liberalen Denkens in Deutschland, für die Besinnung auf die Wurzeln des Liberalismus und der Sozialen Marktwirtschaft. Und um Missverständnissen vorzubeugen: Dies ist ein Buch über Liberalismus und Antiliberalismus, aber keines über die FDP. Sicher ist es gut für das liberale Denken in einem Land, wenn es Parteien gibt, für die dieses Denken erklärtes Ziel und Anspruch ist. Aber die Geschichte des parteipolitischen Liberalismus in Deutschland ist voller Widersprüche, seit sich die Freisinnige Partei des Kaiserreichs 1893 in Rechts- und Linksliberale spaltete. Auch die FDP erlag im Laufe ihrer Geschichte immer wieder der Versuchung, eine reine Pro-Business-Partei zu werden. Und in Österreich ist die FPÖ zu einer stramm rechtspopulistischen Partei geworden. Es führt nicht weiter, Liberalismus parteipolitisch zu definieren.

Gemeint ist, wenn von «liberal» die Rede ist, eine Art zu denken und bestimmte Werte zu verfolgen. Liberalismus ist keine geschlossene Ideologie. Sein Kern ist das Wissen darum, dass – im Sinne von Camus – die Freiheit nicht alles ist, aber ohne die Freiheit alles andere nichts. Gemeint sind die Grundelemente des Liberalismus, die für die freien Gesellschaften des Westens unabdingbar sind, die Meinungsfreiheit, die wirtschaftliche Freiheit, der Rechtsstaat, die Verantwortlichkeit der Politik gegenüber dem Volk als Souverän. Heute sind die Klagen über neo-liberale Politik sehr laut, tatsächlich jedoch ist wirkliches liberales Denken selten geworden. Nicht dass in der Mitte die Werte einer liberalen Gesellschaft offen oder mutwillig in Frage gestellt würden – die Angriffe kommen von den Rändern des politischen Spektrums. Aber die Verteidiger liberaler Werte sind sehr leise und orientierungslos geworden. Und oft mangelt es auch schlicht an Wissen darüber, was Liberalismus ist und woher er kommt.

Beginnen muss diese Auseinandersetzung mit dem Antiliberalismus daher mit einem Ereignis, das vor mehr als 80 Jahren in Paris stattfand.

# KAPITEL 1

# NEOLIBERALISMUS

## Ein Feindbild entsteht

**D**ie Geschichte beginnt im vorletzten Friedenssommer Europas vor dem Zweiten Weltkrieg. Die Angst vor dem drohenden Unheil lastete bereits überall auf den Menschen. Im März 1938 hatten deutsche Truppen den «Anschluss» Österreichs an das Deutsche Reich erzwungen. Die «Sudetenkrise» eskalierte, die Deutschen machten sich daran, die demokratische Tschechoslowakei zu zerstören. In dieser Situation kamen am 26. August 1938 in Paris 26 Intellektuelle zu einem Gedankenaustausch zusammen – Ökonomen, Philosophen, Juristen und Geschäftsleute. Ort des Kolloquiums war das Internationale Institut für intellektuelle Zusammenarbeit, ein Ableger des Völkerbundes, der damals im prunkvollen Palais Royal residierte. Eingeladen zu der Veranstaltung hatte der französische Philosoph Louis Rougier. Er nutzte den Besuch des international bekannten amerikanischen Publizisten Walter Lippmann in der französischen Hauptstadt, um eine intellektuelle Debatte über den Zustand der Welt im Allgemeinen und über Lippmanns Buch *The Good Society* im Besonderen zu organisieren. Die Teilnehmer des «Lippmann-Kolloquiums», als das es in die Geschichte eingehen sollte, verstanden sich in einem sehr weiten Sinne als Liberale, in der Tradition der europäischen Aufklärung von Denkern wie John Locke, Adam Smith und John Stuart Mill. Walter Lippmann selbst bezeichnete sich als «progressiv» und unterstützte den Präsidenten Franklin D. Roosevelt, unter dem der Staat so viel Einfluss auf das Leben der Amerikaner bekommen hatte wie noch nie zuvor in der Geschichte des Landes. Lippmann glaubte aber auch an freie, wenn auch regulierte Märkte und misstraute allen Bestrebungen, die Wirtschaft von oben zu planen.

Das eigentliche Thema der Runde aber waren die Legitimitätskrise, in die der Liberalismus durch die Weltwirtschaftskrise von 1929 bis 1933 geraten war, und der, wie es schien, unaufhaltsame Aufstieg von Kommunismus, Faschismus und Nationalsozialismus. Der alte Liberalismus hatte offenkundig versagt und war nicht mehr in der Lage, den Kampf gegen die zerstörerischen Ideologien des 20. Jahrhunderts aufzunehmen. Das geistige Problem der Zeit sah Lippmann, wie es in der Einleitung hieß, in zwei falschen Ideen: «Dem irrigen Gegensatz von Sozialismus und Faschismus, die in Wirklichkeit doch nur zwei Varianten eines totalitären Staates und der Wirtschaftsplanung sind. Und gleichzeitig die ebenso falsche Gleichsetzung des Liberalismus mit der Manchester-Theorie des Laissez-faire Laissez-passer.»[8] Mit «Manchester-Theorie» meinte Lippmann die Überzeugung einiger Liberaler im frühen 19. Jahrhundert (benannt nach der englischen Industriestadt), dass freie Märkte und Freihandel von allein zu mehr Wohlstand führten, und die deshalb Kinderarbeit, Arbeitszeiten von zwölf bis 15 Stunden und andere Formen der Ausbeutung akzeptierten. Um klarzumachen, dass die Liberalen aus der Geschichte lernen mussten und dass sie dies verstanden hatten, suchten die

Teilnehmer des Kolloquiums nach einem neuen Begriff. «Linksliberalismus», schlugen einige vor, «positiver Liberalismus», «konstruktiver Liberalismus» oder schlicht «Individualismus» andere. Durchgesetzt hat sich schließlich der Vorschlag des deutschen Ökonomen Alexander Rüstow: «Neoliberalismus». Der Begriff war schon damals nicht mehr ganz neu. Bereits im 19. Jahrhundert war er gelegentlich aufgetaucht, aber erst das Lippmann-Kolloquium machte ihn zu einer politischen Größe. Deshalb ist es richtig zu sagen: Im August 1938 wurde in Paris der Neoliberalismus geboren.

Die historische Bedeutung des Kolloquiums lag nicht nur darin, für die allfällige Erneuerung des liberalen Gedankens einen eingängigen Begriff gefunden zu haben, sondern auch, dass die Teilnehmer der Nachwelt eine Botschaft hinterließen: Trotz Hitler, Stalin und Mussolini war liberales Denken möglich, dem «Kollektivismus», wie Lippmann es formulierte, musste nicht die Zukunft gehören. Die Erkenntnis sollte die Geschichte Europas und besonders Deutschlands nach dem Zweiten Weltkrieg prägen, und zwar auf durchaus widersprüchliche Weise. Dabei machte der Begriff «Neoliberalismus» eine merkwürdige Karriere: Anfänglich war er Ausdruck der Selbsterforschung alter Liberaler angesichts der düsteren Zeitläufte, danach eine Formel für die neu gewonnene Freiheit und beispiellosen Wohlstand, für die Revitalisierung von Volkswirtschaften und schließlich Schimpfwort und Synonym für den Raubtier-Kapitalismus, also genau das, was Walter Lippmann 1938 in bewusster Abgrenzung zum «Manchester-Kapitalismus» eigentlich verhindern wollte.[9]

Die historische Situation, in der das Lippmann-Kolloquium zusammentrat, ist selbstverständlich eine andere als heute. Es gibt keinen Hitler und keinen Stalin, die die Welt bedrohen würden, doch findet sich bei genauem Hinsehen eine wichtige Gemeinsamkeit. Damals wie heute scheint der Liberalismus durch den Gang der Ereignisse diskreditiert. Kurz vor dem Zweiten Weltkrieg war es die Weltwirtschaftskrise von 1929 bis 1933 mit ihrem Massenelend, die der kapitalistischen Wirtschaftsordnung und ihren liberalen Vordenkern zur Last gelegt wurde. Heute ist es die Finanzkrise von 2007 bis 2009, die den Neoliberalismus scheinbar untragbar gemacht hat. Seht her, so geht es, wenn man alles der «Marktlogik» unterstellt, lautet das Argument. Banker, Spekulanten und Investoren bereichern sich auf Kosten der normalen Menschen. Als «neoliberal» verdammt werden aber nicht nur die Finanzmärkte, die Globalisierung, die internationale Arbeitsteilung und der Freihandel, sondern auch der Abbau von Regeln und Vorschriften – ob nun sinnvoll oder nicht – und manchmal der Markt, das Neue und das Fremde schlechthin. Das Klima ist ebenso zukunftsängstlich und freiheitsfeindlich wie 1938. Dieses rückwärtsgewandte Misstrauen gegen das Neue und die Verklärung einer Vergangenheit, die so nie existiert hat, sind die wichtigste Wurzel des Rechts-, aber auch des Linkspopulismus der Gegenwart.

Dem Misstrauen gegenüber dem Neuen setzte der österreichische Philosoph und Ökonom Friedrich August von Hayek, einer der Teilnehmer des Kolloquiums, «Mut und Zuversicht» des liberalen Standpunkts entgegen, die «Bereitschaft, der Veränderung ihren Lauf zu lassen, auch wenn wir nicht voraussagen können, wohin sie führen wird». Ängstliche Naturen mögen das als fahrlässig empfinden. Hayek indes war kein Hasardeur. Er zog die logische Konsequenz aus der Fehlbarkeit des Menschen, aus dem Mangel an Wissen. «Weil jeder Einzelne so wenig weiß […], vertrauen wir darauf, dass die unabhängigen und wettbewerblichen Bemühungen vieler die Dinge hervorbringen, die wir wünschen werden, wenn wir sie sehen.»[10] Wenn Menschen im Wettbewerb stehen, dann können sie Probleme am besten lösen – das ist eine der zentralen Botschaften des Liberalismus. Und sie findet Bestätigung gerade im Umgang mit Finanzcrashs. Aus der Weltwirtschaftskrise haben seinerzeit Ökonomen und Politiker gelernt und nach dem Zweiten Weltkrieg eine Finanzordnung geschaffen, die einen beispiellosen Aufschwung der Weltwirtschaft ermöglichte. Die Finanzkrise 2008/2009 führte zu grundlegenden Reformen des Finanzsystems. Kluge politische Entscheidungen haben hinterher eine lang anhaltende Erholung der Weltwirtschaft möglich gemacht. Das Versprechen des Liberalismus besteht nicht darin, dass es keine Krisen mehr gibt oder dass Liberale keine Fehler machen, sondern vielmehr darin, dass Marktwirtschaften am besten in der Lage sind, aus Fehlern zu lernen, Krisen vorzubeugen und, wenn es nottut, sie zu bekämpfen.

Wie 1938 die Reform des liberalen Denkens konkret aussehen sollte und wie der Kampf für die Freiheit zu gewinnen wäre, darüber gab es während des Kolloquiums in Paris höchst diverse Ansichten. Aber aus so unterschiedlichen Richtungen die Teilnehmer auch kommen mochten, was sie einte, waren Freiheitsliebe und die Überzeugung, dass Freiheit ohne eine freie Wirtschaft nicht möglich sei. Der französische Philosoph und Soziologe Raymond Aron bezeichnete sich damals zum Beispiel als «Sozialisten», er unterstützte die Volksfront aus Kommunisten, Sozialisten und Demokraten unter Léon Blum, die Frankreich regierte, kritisierte aber deren autoritäre Wirtschaftspolitik. Oder der bereits erwähnte Hayek, der im Londoner Exil lebte und 1974 mit dem Wirtschaftsnobelpreis ausgezeichnet werden sollte. Ludwig von Mises, ein weiterer Österreicher, war im März 1938, kurz vor dem Einmarsch der deutschen Wehrmacht, aus Wien in die Schweiz geflohen und lebte später im amerikanischen Exil. Für Hayek und Mises bedeutete Reform des Liberalismus vor allem eine Rückkehr zum klassischen Liberalismus, wie ihn die Altliberalen (*Whigs*) im englischen Unterhaus vertreten hatten und dessen Ideen in Deutschland unter dem Schlagwort «Nachtwächterstaat» karikiert wurden: keine Eingriffe in die Wirtschaft, Begrenzung des Staats auf das Notwendigste, uneingeschränkter Freihandel. Das kam dem alten Manchester-Kapitalismus schon ziemlich nahe. Anwesend waren auch die beiden deutschen Ökonomen Wilhelm Röpke und eben Alexander Rüstow, der in Paris den Begriff «Neoliberalismus» einführte. Röpke lebte in Genf im Exil und war ein Konservativer. Rüstow, der sich schon vor 1932 mit dem Versagen des alten Wirtschaftsliberalismus auseinandergesetzt hatte[11], war aus dem türkischen Exil nach Paris gereist. Beide forderten – im scharfen Gegensatz zu Mises und Hayek – einen starken Staat, der auch aktiv in die Wirtschaft eingriff, zum Beispiel um den Wettbewerb zu schützen. Von Rüstow stammt die programmatische Wendung, er wolle «einen starken Staat, einen Staat oberhalb der Wirtschaft, oberhalb der Interessenten, da, wo er hingehört». Er verspottete gerne die Vorstellungen Hayeks und Mises' als «Paläo-Liberalismus». Mit dabei war auch der französische Ökonom Jacques Rueff, der später Berater des Präsidenten Charles de Gaulle und Freund von Bundeswirtschaftsminister Ludwig Erhard werden sollte. Der Gastgeber Rougier war ein erklärter Konservativer.

Als der Krieg zu Ende und Europa zerstört war, begannen die Gedanken zu wirken, die auf dem Kolloquium diskutiert wurden. Das erste Ergebnis war eine große neoliberale Erfolgsgeschichte – das westdeutsche Wirtschaftswunder. Dass es ausgerechnet im kriegszerstörten Deutschland nach den Verheerungen des Nationalsozialismus einmal so etwas wie eine Soziale Marktwirtschaft geben würde, konnte sich 1948 – von wenigen Ausnahmen abgesehen – niemand vorstellen. Die meisten Parteien, einschließlich CDU und CSU, hatten mehr oder weniger sozialistische Vorstellungen von der wirtschaftlichen Zukunft Deutschlands. Dass der Liberalismus im Nachkriegsdeutschland trotzdem eine Chance bekam, ist vor allem zwei Männern zu verdanken: Edward Tenenbaum, einem jungen amerikanischen Besatzungsoffizier mit festen liberalen Überzeugungen, der dafür sorgte, dass die Westdeutschen eine harte Währungsreform bekamen, ohne die Möglichkeit einer Inflationspolitik. Der zweite war Ludwig Erhard. Der Vater des Wirtschaftswunders, wie er später genannt werden sollte, setzte mit sturer Konsequenz die Liberalisierung der deutschen Wirtschaft durch. Erhard bekannte, er habe schon während des Krieges *Civitas Humana*, Röpkes Hauptwerk, gelesen und daraus Zuversicht geschöpft. Erhards Konzept der Sozialen Marktwirtschaft, die Befreiung der Märkte einerseits und die Sicherung des Wettbewerbs und der Preisstabilität durch einen starken Staat andererseits, entsprach den

Ideen der beiden Kolloquiums-Teilnehmer Rüstow und Röpke. Ebenso wichtig waren die «Ordoliberalen» der Freiburger Schule, wie der Ökonom Walter Eucken und der Jurist Franz Böhm, die nicht an einen ungeregelten Kapitalismus glaubten, sondern für eine vom Staat durchgesetzte und geschützte Wettbewerbs*ordnung* (daher der Begriff) in der Wirtschaft fochten.

Auch Hayek machte sich nach dem Krieg daran, seine Ideen umzusetzen. Im April 1947 gründete er in einem Hotel auf dem Mont Pèlerin bei Vevey am Genfer See mit anderen die Mont-Pèlerin-Gesellschaft (MPS), einen Zusammenschluss von Intellektuellen, die sich im weiten Sinne als Neoliberale verstanden. Der Gesellschaft gehörten neben vielen anderen Ludwig Erhard und Walter Lippmann an, die Ökonomen Eucken, Röpke, Rüstow, Mises und Milton Friedman sowie die Philosophen Karl Popper und Michael Polanyi. Die Gesellschaft verdient deshalb besondere Erwähnung, weil sich um sie inzwischen ein Wust von Verschwörungstheorien gebildet hat. Sie sei ein «Hegemonialapparat»[12], eine neoliberale Geheimgesellschaft, die in der globalen Wirtschaft die Fäden ziehe, oder ein «transatlantisches Netzwerk, das heimlich die Demokratie unterwandert».[13] Tatsächlich ist sie ein Kreis von liberal gesinnten Intellektuellen, die im Laufe der vergangenen 70 Jahre mal mehr und mal weniger (im Moment eher weniger) Einfluss auf die öffentliche Meinung hatten. Dass so eine Organisation zum Gegenstand wilder Vermutungen und Unterstellungen wird, gehört zum Thema dieses Buches: Andere und möglicherweise unbequeme Meinungen werden denunziert, besonders wenn sie die Verfassung der Wirtschaft betreffen. Im Übrigen waren die Mitglieder der MPS keineswegs immer einer Meinung, im Gegenteil: Der Konflikt zwischen dem eher radikalliberalen Hayek und dem im Laufe seines Lebens immer konservativer werdenden Röpke führte schließlich zu dessen Austritt.

Zumindest bis Ende der 1960er Jahre war der Begriff «Neoliberalismus» eindeutig positiv besetzt. Die Kritik der Neuen Linken am Liberalismus, etwa die Behauptung des marxistischen Philosophen Herbert Marcuse, der Liberalismus, «ob mit dem Präfix ‹Neo› oder nicht», sei «repressiv»[14], wurde außerhalb der Universitäten kaum wahrgenommen. Besonders in der Bundesrepublik stand Neoliberalismus für den Erfolg des westdeutschen Wirtschaftswunders nach 1948 und die wirtschaftspolitischen Ideen, die dafür entscheidend waren: Soziale Marktwirtschaft, Wettbewerb und Freihandel. Er stand auch für die Erfahrung, um wie viel erfolgreicher und humaner eine liberale Wirtschaftsordnung ist im Vergleich zu einer sozialistischen. Die in der DDR hatte man ja direkt vor Augen.

Wie konnte aus diesem Liberalismus ein Gegenstand abgrundtiefer Ablehnung werden? Zum Verständnis dieser Entwicklung sind vier historische Ereignisse wichtig, beginnend mit dem 11. September 1973. An dem Tag putschte in Chile das Militär gegen den demokratisch gewählten Präsidenten Salvador Allende. Die Putschisten errichteten eine brutale Militärregierung unter dem General Augusto Pinochet, sie ließen foltern und morden. Anders als andere Putschisten in Lateinamerika allerdings setzten die chilenischen Militärs umfangreiche Wirtschaftsreformen durch. Sie wurden dabei von jungen Ökonomen beraten, die der Neoliberale und spätere Wirtschaftsnobelpreisträger Milton Friedman an der

Universität Chicago ausgebildet hatte – die berühmt-berüchtigten «Chicago Boys». Heute ist Chile längst wieder demokratisch regiert und eines der wohlhabendsten und stabilsten Länder Südamerikas, die Armut unter der Bevölkerung ist zurückgegangen. Ob und, wenn ja, was die Chicago Boys dazu beigetragen haben, dass es dem Land heute vergleichsweise gut geht, ist durchaus umstritten. In den 1970er Jahren jedoch war der Wirtschaftsliberalismus durch den chilenischen Putsch und die folgenden Jahre der Diktatur in den Augen vieler dauerhaft diskreditiert. Chile galt als Sündenfall des großen Ökonomen Friedman. Auch Hayek besuchte Chile zweimal während der Jahre der Diktatur und verteidigte hinterher das Regime gegen seine Kritiker. Chile ist ein düsteres Kapitel in der Geschichte des Neoliberalismus. Aber wenn zwei prominente Vertreter dieses Neoliberalismus sich gegen ihre eigenen Prinzipien versündigen, indem sie eine Diktatur unterstützen, bedeutet das nicht, dass diese Prinzipien falsch sind.

Dann der 3. Mai 1979. An dem Tag gewann die am rechten Rand der Konservativen Partei stehende Politikerin Margaret Thatcher die Wahlen zum britischen Unterhaus. Ihr Wahlsieg war eine Reaktion auf den «Winter of Discontent» (der Begriff war ein Zitat aus William Shakespeares Drama *Richard III.*), als die britischen Gewerkschaften das Land lahmlegten, um gegen moderate Wirtschaftsreformen der sozialdemokratischen Labour-Regierung und die Schließung unrentabler Kohleminen zu protestieren. Thatcher brach mit einer brutalen Reformpolitik die Macht der Gewerkschaften, baute das Vereinigte Königreich radikal um und ließ sich dabei von den Ideen Hayeks leiten. Der Begriff «neoliberal», bis dahin mit einer beispiellos erfolgreichen Epoche der Wirtschaftsgeschichte verbunden, stand nun für eine umstrittene und polarisierende Politik. Die Regierungszeit von Thatcher bedeutete einen Bruch in der Geschichte des Vereinigten Königreichs. Die neue Premierministerin war nicht vornehm, wie man es von Torys, den britischen Konservativen, erwartete, sondern aggressiv und rücksichtslos, und sie heizte Konflikte an, statt sie zu moderieren. «So etwas wie eine Gesellschaft gibt es nicht. Es gibt nur einzelne Männer und Frauen, und es gibt Familien» – das berühmte Zitat Thatchers aus dem Interview mit der britischen Frauenzeitschrift *Woman's Own* gilt zu Recht als Ausdruck ihres Wertekanons. Thatcher wollte dem Land nach Jahrzehnten sozialdemokratischer bis sozialistischer Politik eine kapitalistische Erneuerung verpassen. Sie hatte Hayek gelesen, sie berief sich auf ihn und seine These, dass der Sozialismus, in welcher Form auch immer, die persönliche Freiheit gefährde. Sie privatisierte und liberalisierte die britische Wirtschaft von Grund auf. Die einst so stolzen Gewerkschaften waren hinterher nur noch ein Schatten ihrer selbst. Das konservativ-liberale Experiment in Großbritannien ist aber nur zu erklären mit dem, was vor der Wahl Thatchers passierte. Das Land hatte in einer schweren Wirtschaftskrise gesteckt und bereits 1977 den Internationalen Währungsfonds zu Hilfe holen müssen. Mitten in dieser Krise streikten die Gewerkschaften für dramatische Lohnsteigerungen und die Einführung der 35-Stunden-Woche. Die Arbeitnehmerorganisationen legten das Land monatelang still. Am Ende musste die Labour-Regierung von James Callaghan zurücktreten, es gab Neuwahlen, und Thatcher übernahm die Regierung. Die politische Wende in der

Downing Street zeigte, dass der soziale Nachkriegskonsens in Großbritannien, die Kooperation von Gewerkschaften, Arbeitgebern und Regierung, verbunden mit einem starken Sozialstaat, gescheitert war. In diesem «Winter of Discontent» 1978/79 bekamen die Briten eine Ahnung davon, dass die Unterdrückung der Marktkräfte im Extremfall zu einem fast diktatorischen Regime der Gewerkschaften und zum Verlust bürgerlicher Freiheiten führen kann. Der Rückgriff auf die Ideen von Hayek lag daher nahe. Thatchers Bilanz ist gemischt. Als sie 1990 abtrat, war London unbestritten der Finanzplatz Nummer eins in Europa. Das Vereinigte Königreich hatte aber auch eine dramatische Phase der Deindustrialisierung mit erheblichen sozialen Folgen durchgemacht. Trotzdem besteht kein Zweifel, dass ihre neoliberale Politik den wirtschaftlichen Niedergang des Landes gestoppt hat. Zum Erbe Thatchers gehört aber auch ihr konfrontativer Politikstil, der der urliberalen britischen Tradition widersprach.

Im November 1980 folgte dann die Wende in den Vereinigten Staaten. Auch die größte Volkswirtschaft der Welt steckte in einer schweren Wirtschaftskrise, nachdem die Federal Reserve die Zinsen stark erhöht hatte, um die galoppierende Inflation zu bekämpfen. Als Reaktion wählten die Amerikaner den konservativen Republikaner Ronald Reagan, der die US-Wirtschaft ganz im Sinne Thatchers umgestalten wollte. Thatcher und auch Reagan gelang die Revitalisierung ihrer Volkswirtschaften, freilich um den Preis wachsender sozialer Gegensätze und – im Falle Reagans – einer exorbitanten Zunahme der Staatsverschuldung. Thatcherismus und Reaganomics veränderten das intellektuelle Klima in der Welt. Jetzt wurden Privatisierung, Liberalisierung und Deregulierung wieder salonfähig, der unverfälschte Kapitalismus hatte Konjunktur, ganz so wie Hayek sich das gewünscht hatte. Die neue Doktrin der Wirtschaft schrieb der Ökonom John Williamson in Washington 1989 in zehn Geboten auf. Sie beschrieben, was nach allgemeinem Konsens nötig war, wenn ein Land in einer Wirtschaftskrise steckte: 1. Haushaltsdisziplin, 2. Abbau von Subventionen, 3. Senkung der Spitzensteuersätze, 4. Einführung von Marktzinsen, 5. Marktgerechte Wechselkurse, 6. Liberalisierung des Handels, 7. Freiheit für ausländische Direktinvestition, 8. Deregulierung, 9. Privatisierung, 10. Schutz von Eigentumsrechten. Diese Liste wurde als «Washington Consensus» berühmt, verhasst bei Kritikern der Globalisierung und des Kapitalismus.

Gegner des Neoliberalismus stellen diese Entwicklung meist als Abkehr vom Nachkriegskonsens dar, wonach der Staat für soziale Gerechtigkeit zu sorgen hatte und die Wirtschaft nach den Lehren von John Maynard Keynes steuerte. Der große britische Reformökonom hatte nach der Weltwirtschaftskrise gezeigt, dass Regierungen und Notenbanken durch gezielte Maßnahmen sowohl schwere Rezessionen als auch Inflation verhindern oder zumindest begrenzen können. Das nährte in den 1960er Jahren die Illusion, die Konjunktur könne bis ins Kleinste gesteuert werden. Die Ölpreiskrisen der 1970er Jahre zerstörten diese Wunschvorstellung. Der Konjunkturzyklus kehrte mit aller Brutalität zurück, die Industrieländer wurden von Inflation ebenso wie von hoher Arbeitslosigkeit geplagt. Darauf reagierten Thatcher und Reagan. Kritiker des Neoliberalismus verwechseln hier meist Ursache und Wirkung, so als sei es das Ziel der Ökonomen, um jeden Preis die kalte Logik des Marktes herrschen zu lassen. Es war umgekehrt: Der Staat war überfordert mit der Feinsteuerung der Wirtschaft, daher musste die Rolle der Märkte gestärkt werden. In den Vereinigten Staaten und in Großbritannien fiel der Wandel der Wirtschaftspolitik radikal aus, dort war aber auch der Reformbedarf am größten. In Deutschland waren die Verhältnisse anders. Zwar zerbrach die sozialliberale Regierungskoalition in Bonn unter Kanzler Helmut Schmidt (SPD) 1982 über ein wirtschaftsliberales Grundsatzpapier des FDP-Wirtschaftsministers Otto Graf Lambsdorff. Die Wirtschaftspolitik von Schmidts Nachfolger Helmut Kohl (CDU) unterschied sich aber nur wenig von der seines Vorgängers. Der Anteil des Staates an der Volkswirtschaft lag 1960, also mitten im Wirtschaftswunder, bei 32,9 Prozent, 1980 war er auf 46,9 Prozent gestiegen, 2017 lag er bei knapp 44,0 Prozent.[15] Ein Rückzug des Staates aus der Wirtschaft sieht anders aus. Die Liberalisierungen, die im Laufe der Jahre beschlossen wurden – von der Privatisierung der Lufthansa und der Post bis zur Reform des Sozialstaats unter dem Schlagwort «Agenda 2010» –, haben dem Land, bei allen Mängeln, gut getan.

Es ist auch falsch, den Reformer Keynes als Antiliberalen darzustellen, wie dies unter manchen Neoliberalen ebenso wie unter deren Gegnern Brauch ist. Keynes war vielmehr selbst ein Liberaler; er gehörte der seinerzeit schnell an Einfluss verlierenden Liberal Party in Großbritannien an und lehnte es explizit ab, den Konservativen oder der Labour Party beizutreten.[16] Keynes half Hayek, als dieser 1931 eine Stelle an der London School of Economics bekam. Dessen 1944 erschienenes Buch *Der Weg zur Knechtschaft* kommentierte er positiv. Aber dies geriet über die Jahre in Vergessenheit. In den 1970er und 1980er Jahren wurden die Theorien von Hayek und Keynes als miteinander unvereinbar wahrgenommen. Keynes und Hayek waren tatsächlich intellektuelle Gegner. Und je älter Hayek wurde, desto mehr unterstrich er diese Gegnerschaft. Dennoch ist die moderne Nationalökonomie nicht vorstellbar ohne Hayeks Verständnis von Märkten und Preisen, aber auch nicht ohne Keynes' Innovationen in der Makroökonomie. Gescheitert ist in den 1970er Jahren auch nicht Keynes, sondern eine naive, mechanistische Form von Keynesianismus.

Das nächste entscheidende Datum in der Wirkungsgeschichte des Neoliberalismus war der 9. November 1989, der Tag, an dem die Berliner Mauer fiel. Der real existierende Sozialismus in der DDR und in der Sowjetunion war am Ende. Er brach aus genau den Gründen zusammen, die Hayek und Mises analysiert hatten: Ohne Markt, ohne freie Preise gab es kein Instrument mehr, mit dem die sozialistischen Planbehörden die Wirtschaft rational hätten steuern können. Um überhaupt über die Runden zu kommen, brauchte die sozialistische Wirtschaft eine groteske Befehlskette – von der Partei zur Planbehörde, von der Planbehörde zu den Direktoren der Staatsbetriebe und hinunter zu den Brigaden in den Fabriken. Oft konnten die Befehlsempfänger mangels Mitteln die Befehle gar nicht befolgen, selbst wenn sie wollten. Das schuf ein Klima der Angst und des Zynismus. «Die Kommunisten tun so, als ob sie uns bezahlten, wir tun so, als ob wir arbeiteten» war ein im sozialistischen Polen beliebter Spruch. Meinungsfreiheit, freie Wahlen und legale Opposition sind in so einem System nicht möglich. Wer es vorher nicht wahrhaben wollte, der bekam nach 1989 reichlich Anschauungsmaterial für die Dysfunktionalität des Sozialismus. Die liberalen Theorien von Wirtschaft und Gesellschaft wurden auf eindrucksvolle Weise bestätigt.

Zunächst dachten viele im Westen, aus diesem Grunde habe nun ein liberales Zeitalter begonnen. Tatsächlich war das Ende des Sozialismus ein gewaltiger Strukturbruch, der auch in den westlichen Demokratien zu Verwerfungen führen musste. Gut eine Milliarde Menschen aus den ehemals sozialistischen Ländern traten nach 1989 auf den kapitalistischen Weltmarkt. Die wichtigste Konsequenz aus dem Ende des Kalten Krieges war der rasante Aufstieg der Volksrepublik China. Der zeigte liberalen Hoffnungen zum Trotz, dass eine Mischung aus politischer Diktatur, Kapitalismus und aggressivem Nationalismus erfolgreich sein kann.

Mittlerweile ist China zur zweitstärksten Volkswirtschaft der Erde geworden und fordert den Westen mit seinen Großmachtansprüchen heraus. Es bleibt zwar richtig, dass eine demokratische Gesellschaft sich nicht mit einer sozialistischen Wirtschaft verträgt, China zeigt aber, dass das Umgekehrte sehr wohl möglich ist – eine kommunistische Diktatur in Kombination mit einer hocheffizienten kapitalistischen Wirtschaft. Kein Wunder also, dass China den Propagandisten der «illiberalen Demokratie» als Vorbild erscheint.

Es war jedenfalls nur eine Frage der Zeit, bis die liberale Hegemonie im politischen Denken nach der Zeitenwende von 1989 herausgefordert werden würde. Ein Anlass dazu bot sich 1997 und 1998 mit der sogenannten Asienkrise. Damals standen eine Reihe ostasiatischer Staaten am Rande des Staatsbankrotts und mussten vom

Internationalen Währungsfonds gerettet werden. Der IWF verordnete den betroffenen Ländern harte Sparprogramme, die in der Rückschau durchweg Erfolg hatten, in der Krise und unmittelbar danach jedoch heftige Proteste auslösten. Die Asienkrise legte offen, dass es im globalen Kapitalismus ungelöste Probleme gab. Zum Beispiel der Mangel an durchsetzbaren Regeln auf den globalen Finanzmärkten und die Neigung von Staaten und Unternehmen, der Verführung des reichlich vorhandenen Geldes zu erliegen und sich hemmungslos im Ausland zu verschulden. Es wäre also die richtige Zeit für weltweite Reformen gewesen. Einige der am meisten betroffenen Staaten – Thailand, Malaysia, Südkorea, Indonesien und die Philippinen – nahmen die Chance tatsächlich wahr und zogen ihre Lehren aus eigenen Fehlern. In Korea wurde die enge Verflechtung von Staat und Wirtschaft gelöst und die Korruption bekämpft, Indonesien machte eine grundlegende Demokratisierung durch. Auf Initiative des damaligen US-Präsidenten Bill Clinton wurde 1997 die Gruppe der 20 wichtigsten Industrie- und Schwellenländer (G20) ins Leben gerufen. Sie war gedacht als globales Forum, um künftigen Krisen vorzubeugen. Die meisten Opfer der Asienkrise stehen heute viel besser da als vor der Krise.

Unter westlichen Intellektuellen aber wurden die Reformen kaum wahrgenommen. Stattdessen bekam die alte antikapitalistische Systemkritik frischen Wind. Als Reaktion auf die Krise schrieb der linke spanische Publizist Ignacio Ramonet am 12. Dezember 1997 in der französischen Zeitschrift *Le Monde Diplomatique* einen Grundsatzartikel unter der Überschrift: «Die Märkte entschärfen». Der Artikel war ein Frontalangriff auf die internationale Kooperation in der liberalen Weltordnung. Die großen internationalen Organisationen wie IWF, Weltbank, die Organisation für wirtschaftliche Zusammenarbeit und Entwicklung (OECD) und die Welthandelsorganisation seien ein «Weltstaat» und ein «Machtzentrum ohne Gesellschaft», weswegen die «real existierenden Gesellschaften keinerlei Macht mehr» besäßen. «Demokratische Mindestforderung» sei die Einführung einer Steuer auf Finanztransaktionen zur «Abschreckung» der Finanzmärkte.[17] Ramonets Artikel war de facto das Gründungsdokument des Netzwerks Attac (ursprünglich: «Association pour une taxation des transactions financières pour l'aide aux citoyens»). Attac ist heute eine der einflussreichsten antiliberalen und gegen Freihandel gerichteten Organisationen der Welt. Sie trug wesentlich dazu bei, «den Neoliberalismus» zum Feindbild aufzubauen. «Globalisierung nach neoliberalem Muster ist das Gift, nicht die Medizin», lautet eines der vielen Bekenntnisse von Attac.[18] Es gehe um eine «ökologische, solidarische und friedliche Weltwirtschaftsordnung», der «gigantische Reichtum dieser Welt» müsse «gerecht» verteilt werden. Das Pathos dieser Forderung lebt von der Illusion, es könne irgendeine Institution geben, die weiß, was global gerecht ist, und Methoden, um eine solche Verteilung auch noch zu organisieren. In der Debatte unter kirchlichen Gruppen, Umweltschützern und anderen Initiativen über die Probleme in Entwicklungsländern ist Attac oft Meinungsführer. In der Praxis kämpft die Organisation meistens gegen den Freihandel. Zwar hat sie sich gegen nationalistische Kritik des Freihandels abgegrenzt, in der Substanz allerdings liegt Attac, was das Thema Handelsabkommen betrifft, auf einer

Linie mit Nationalisten wie Donald Trump. Die Liste der Mitgliedsorganisationen des Netzwerks ist lang und reicht vom Bund für Umwelt- und Naturschutz über die DGB-Jugend und die Jusos bis zur Linksjugend und Pro Asyl.

Die Steuer, der Attac den Namen verdankt, geht ursprünglich auf eine sehr vernünftige und durchaus in der liberalen Tradition stehende Idee zurück. Sie stammt von dem Wirtschaftsnobelpreisträger James Tobin, der 1972 kleinen Ländern riet, eine Steuer auf Devisengeschäfte zu erheben, um heißes Spekulationskapital abzuwehren und den betroffenen Notenbanken eine eigenständige Geldpolitik zu ermöglichen. Tobin wollte den Handel mit Devisen regulieren, aber er dachte nie daran, die Finanzmärkte oder gar den Kapitalismus zu bekämpfen. Kurz vor seinem Tod 2002 versuchte er noch, sich gegen den Missbrauch seiner Idee zu wehren. Er sei für den Freihandel und habe «nicht das Geringste gemein mit diesen Anti-Globalisierungs-Revoluzzern».[19] Es half ihm nichts. Die «Tobin-Steuer» ist bis heute ein Symbol des Kampfes gegen die «neoliberale Globalisierung».

Seit der Asienkrise ist das Adjektiv «neoliberal» zur Chiffre für alles Böse auf der Welt geworden. Ein krasses Beispiel dafür ist die Ansprache eines pensionierten evangelischen Pfarrers anlässlich einer Demonstration gegen das Bahnhofsprojekt «Stuttgart 21» am 16. Januar 2012. Es gehe bei dem Projekt gar nicht um einen Bahnhof, behauptete er, sondern um ein «neoliberales Schlüsselprojekt und um das Brechen unseres Widerstands gegen diese zerstörerische Ideologie, die Jesus in seiner Muttersprache den Mammon nennt». Der Mammon sei «unvereinbar mit dem Gott der Barmherzigkeit», fügt er hinzu mit Verweis auf das Matthäus-Evangelium.[20] Wahrscheinlich wusste der Redner nicht, wie dicht er mit seinen Worten bei den rechten bis rechtsextremen Denkern der 1920er Jahre ist, die den «Mammonismus» bekämpften und damit auf die westliche Demokratie nach amerikanischem und britischem Vorbild zielten: ökonomisches Denken, Geldwirtschaft und den Liberalismus schlechthin. Zu diesen Denkern gehörten zum Beispiel der Ökonom Werner Sombart und der Ingenieur Gottfried Feder, NSDAP-Mitglied der ersten Stunde, dessen Buch *Die Brechung der Zinsknechtschaft* die Vorstellungen Hitlers von der Wirtschaft prägten. Mit antiliberalem Eifer kommt man leicht in unangenehme Gesellschaft. Und das alles, weil ein Staatsunternehmen (die Bahn) ein Großprojekt umsetzen will, das zwar hoch umstritten ist, aber von demokratisch gewählten Gremien beschlossen wurde. Auch nach 70 Jahren Demokratie in Deutschland ist diese antiwestliche Tradition immer noch lebendig.

In den meisten Fällen ist der Rückgriff auf die Formeln der extremen Rechten durch die sich meist als links verstehenden Kämpfer gegen den Neoliberalismus vermutlich einfach nur fahrlässig. Es gibt aber auch Kräfte, die die Verbindung vom alten Kampf gegen den Mammonismus und den modernen gegen den Neoliberalismus sehr bewusst ziehen. Ein Beispiel ist Alain de Benoist.[21] In einem Interview von 2012 bezog er sich ausdrücklich auf den Kampf gegen den Mammonismus und stellte fest: Die neue Rechte habe «den liberalen Kapitalismus schon lange als Hauptfeind erkannt und interessiert sich darum selbstverständlich für die bis dato schärfsten und besten Kritiker des Kapitalismus. Diese gab es auch auf der Rechten, vor allem aber waren sie auf der Linken zu finden.»²² Als «neoliberal» wird fast alles verdammt, was irgendwie mit dem Mangel an Geld zu tun hat: der Versuch von Regierungen, den Staatshaushalt zu sanieren, den Sozialstaat so zu regulieren, dass er bezahlbar ist, marode Unternehmen zu schließen und vor allem den Handel über die Grenzen hinaus zu fördern.

Vor einigen Jahren schrieb der deutsche Bühnenautor René Pollesch ein Stück mit dem Titel *Schändet eure neoliberalen Biographien*; es wurde 2005 in den Münchner Kammerspielen aufgeführt. Das Stück ist eine Schrei- und Schimpforgie mit sehr viel Fäkalsprache. Einer der Sätze in dem Stück lautete: «Aber es gibt in dieser Zivilisation nun mal keine Alternative zu Auschwitz als letzte Konsequenz der Freien Marktwirtschaft.» Niemand im Publikum protestierte gegen diese ungeheuerliche Banalisierung des Holocaust als angeblich zwangsläufige Folge freier Märkte. Hier läuft der Kampf gegen das, was man für Neoliberalismus hält, Amok – und alle schauen zu. So wird der Hass geschürt und das geistige Klima vergiftet. In einer Zeit, in der durch Kräfte von rechts die globale Weltordnung in Frage gestellt wird, ist es überlebenswichtig für die Demokratie, aggressiven Antiliberalismus zurückzuweisen.

In der Sache haben die Liberalen die Argumente längst auf ihrer Seite. Freihandel und freie Finanzmärkte sind die beste Methode, um die Arbeitsteilung zwischen Milliarden von Menschen zu organisieren. Märkte sind ergebnisoffen, sie machen Innovation möglich und geben Neulingen – etwa Anbietern aus armen Ländern – eine Chance. Das gilt, trotz der Finanzkrise, auch für Finanzmärkte. Sie dienen dazu, Kapital dahin zu lenken, wo es am meisten gebraucht wird. Immer wenn ein Land aus dem System aussteigt und Reichtümer angeblich gerecht verteilt, wie zuletzt das sozialistische Venezuela, endet es im Desaster. Märkte sind aber keine Naturphänomene, sondern Kulturleistungen, die geregelt und gepflegt werden müssen. Dabei können Fehler passieren, und natürlich ist nicht alles, was unter dem Rubrum «neoliberal» oder «Liberalisierung» umgesetzt wird, richtig. Wenn man aber zu weit geht in der Zähmung der Märkte, verlieren sie ihre Funktionsfähigkeit. Dann ist der Wohlstand in Gefahr.

# KAPITEL 2

# MEINUNGSFREIHEIT

### Die Zerstörung
### des öffentlichen Raumes

E igentlich war es nur eine Posse am Rande. Aber sie zeigt beispielhaft, wie leichtfertig wir bereit sind, Intoleranz und Zensur hinzunehmen. Es geht um die sogenannte Fassadenkontroverse an der Alice-Salomon-Hochschule in Berlin, die wochenlang die Feuilletons der Republik beschäftigte. Die traditionsreiche Hochschule im Bezirk Berlin-Hellersdorf bildet junge Menschen in Sozial-, Erziehungs- und Gesundheitsberufen aus. 2011 hatte eine Jury der Hochschule den Schweizer Lyriker Eugen Gomringer mit dem Alice-Salomon-Poetikpreis geehrt und aus diesem Anlass dessen spanisches Gedicht *avenidas* auf die Südfassade des Hochschulgebäudes malen lassen. In der deutschen Übersetzung heißt es: «Alleen / Alleen und Blumen / Blumen / Blumen und Frauen / Alleen / Alleen und Frauen / Alleen und Blumen und Frauen und ein Bewunderer». Eine vollkommen harmlose Angelegenheit, sollte man meinen. Dann jedoch beschloss der Allgemeine Studierendenausschuss (AstA) der Hochschule 2017, dass das Gedicht Frauen herabsetze: «Ein Mann, der auf die Straßen schaut und Blumen und Frauen bewundert. Dieses Gedicht reproduziert nicht nur eine klassische patriarchale Kunsttradition, in der Frauen ausschließlich die schönen Musen sind, die männliche Künstler zu kreativen Taten inspirieren», hieß es in einem Beschluss. Das erinnere «zudem unangenehm an sexuelle Belästigung, der Frauen alltäglich ausgesetzt sind». In einem, wie es hieß, «partizipativen Verfahren» beschloss die Hochschule, die Fassade neu zu gestalten, Gomringers Zeilen zu entfernen und an deren Stelle ein Gedicht der deutschen Lyrikerin Barbara Köhler anzubringen, das den Fassadenstreit aufnimmt. Gomringers Gedicht bekommt auch noch seinen Platz, auf einer kleinen Metallplatte, am Sockelbereich der Fassade. Die damalige Prorektorin und heutige Rektorin der Hochschule, Bettina Völter, erklärte dazu in einer Pressemitteilung, die Fassadengestaltung habe «viel mit den Inhalten der Hochschule zu tun, u. a. mit deren Eintreten für die Gleichwertigkeit von unterschiedlichen Wahrnehmungen der Welt».[23]

Es gibt sicher schlimmere Dinge in Deutschland als Streit um die Gestaltung einer Häuserwand. Aber die Fassadenposse ist ein Symptom für Schlimmeres. Sie zeigt schlaglichtartig, wie schlecht es in diesen Zeiten um die Geistesfreiheit bestellt ist. Die Berliner Hochschule hat mit ihrer Entscheidung für den Gedichttausch eben nicht die «Gleichwertigkeit unterschiedlicher Wahrnehmungen der Welt» betont, sondern, im Gegenteil, eine Wahrnehmung denunziert: die von Gomringer. Ein Mann, der Frauen bewundert, wird gleichgesetzt mit Leuten, die Frauen sexuell belästigen. Das ist Intoleranz unter dem Deckmantel der Gleichberechtigung. Zu zitieren wäre noch ein offener Brief, den Studenten und Studentinnen der Hochschule verfasst haben und in dem sie um Verständnis für ihre Position werben: «Angenommen ihr alle wohnt in einem Mietshaus, und auf der einen Fassade dieses Mietshauses steht ein Gedicht. Ihr wisst nicht genau, wie der Dichter es gemeint hat, aber irgendwie gibt es euch ein komisches Bauchgefühl. Und ein komisches Bauchgefühl im eigenen Haus – das ist doch nicht schön.»[24]

Ein «komisches Bauchgefühl» löst Zensur aus – das ist der entscheidende Punkt bei der Fassadenaffäre. Die Zensoren von Berlin sind nicht mehr bereit, zwischen Privatem und Öffentlichem zu unterscheiden, sie wissen nicht mehr, was der öffentliche Raum ist, was Öffentlichkeit bedeutet. Jede freie Gesellschaft braucht einen Ort, an dem ihre Mitglieder sich treffen, Meinungen austauschen, streiten, tratschen und gelegentlich eben auch Gedichte lesen können. Aus dem eigenen Haus kann man missliebige Meinungen und interpretierbare Gedichte fernhalten (auch wenn man sich damit selbst schadet). Aber eine staatliche Hochschule ist in diesem Sinne kein «eigenes Haus», das den derzeit dort Lehrenden und Studierenden gehört, sondern ein öffentlicher Raum, in dem frei gelehrt, geforscht und gestritten werden sollte. Keine Meinung, und schon gar kein Gedicht, darf eingeschränkt werden, bloß weil jemand ein komisches Bauchgefühl hat. Im Gegenteil, Irritationen, Verstörung und anfängliches Unverständnis gehören dazu, wenn man studiert und einen Beruf lernt. Es hilft auch nicht, diesen Raum «partizipativ» zu gestalten, wie die Hochschule erklärt. Durch Ereignisse wie die an der Alice-Salomon-Hochschule wird der Begriff «Partizipation» vergiftet. Wenn eine Mehrheit, und sei sie auch demokratisch legitimiert, über Meinungen und Gedichte entscheidet, dann wird daraus eine «soziale Tyrannei», wie sie einst John Stuart Mill beklagt hat.[25] Im öffentlichen Raum müssen alle Meinungsäußerungen stattfinden können, sofern sie nicht gegen Gesetze verstoßen. Wenn einen eine Meinung stört, dann soll man ihr widersprechen, sie aber nicht verbieten. Der öffentliche Raum, von dem hier die Rede ist, muss nicht unbedingt ein geographischer Ort sein, ein Gebäude, eine Straße oder ein Platz, er kann in Medien zu finden sein oder im Internet. Trotzdem ist der geographische öffentliche Raum immer etwas Besonderes. Die Leitung der Alice-Salomon-Schule hat ursprünglich auch diese Öffentlichkeit gesucht, als sie Gomringers Gedicht an der Fassade der Hochschule anbringen ließ.

Stadtplaner und Architekten wissen aus leidvoller Erfahrung, wie wichtig öffentlicher Raum für ein Gemeinwesen ist – im übertragenen ebenso wie im materiellen, geographischen Sinne. Wird zu wenig in Plätze, öffentliche Gebäude und den Nahverkehr investiert, dann verfällt der öffentliche Raum und wird im schlimmsten Fall von Gangs privatisiert; das Gemeinwesen insgesamt verfällt. Der Niedergang New Yorks in den 1960er und 1970er Jahren und der Wiederaufstieg seit den 1990ern sind auch eine Geschichte versäumter und nachgeholter Investitionen in die öffentliche Infrastruktur und die öffentliche Sicherheit. Die Stadt Providence im US-Bundesstaat Rhode Island erfuhr ihre Wiederbelebung, als eine Stadtautobahn über dem Providence River weggesprengt wurde und an den Ufern des Flusses ein neuer öffentlicher Raum entstand, der die Bürger der Stadt, Studenten und Touristen zusammenbrachte.

Freie Bürger brauchen öffentliche Räume für Begegnung und Austausch, Untertanen brauchen Aufmarschplätze, um vorformulierte Meinungen in Empfang zu nehmen und den Herrscher zu inszenieren. Im alten

Athen fand Demokratie auf der Agora statt, dem zentralen Platz der Stadt. Die Urform der schweizerischen Demokratie ist die «Landsgemeinde», die Versammlung der Wahlberechtigten auf einem Marktplatz. Der Agora und dem Marktplatz entspricht heute die «Öffentlichkeit» im Sinn von Jürgen Habermas, jene Sphäre, in der die Menschen frei ihre Meinung bilden und – unter anderem – ihre Wahlentscheidung vorbereiten. Damit diese Öffentlichkeit entstehen kann, brauchen deren Teilnehmer vor allem eines: verlässliche Informationen aus möglichst vielen Quellen. Illiberale Regime zeichnen sich dadurch aus, dass sie als Erstes den Zugang ihrer Untertanen zu Informationen beschneiden und die Pressefreiheit begrenzen. So ist es in Ungarn und Polen, so ist es vor allem in China, wo die Kommunistische Partei mit großer Professionalität und Konsequenz die Medien zensiert. All das sind Angriffe auf den öffentlichen Raum und damit auf den Kern der Demokratie.

Das Drama der freien Gesellschaften des Westens liegt nicht darin, dass deren Regierungen mutwillig die Meinungsfreiheit einschränken, sondern dass die Gesellschaften dabei sind, diesen öffentlichen Raum freiwillig und ohne Not aufzugeben. Es ist normal geworden, sich zu weigern, unbequeme Fakten nicht zur Kenntnis zu nehmen und Meinungen als sexistisch, rassistisch, paternalistisch und vieles andere zu verteufeln, die man nicht teilt, die einen ärgern oder ein «ungutes Bauchgefühl» verursachen. Das Paradoxe dabei liegt darin, dass dank moderner Medien und des Internets heute jedermann Zugang zu so vielen Informationen hat wie noch nie zuvor in der Geschichte. Und dieser Zugang kostet auch noch fast nichts. Man muss ein Thema nur googeln, um sich über einen Tatbestand zumindest rudimentär zu informieren. Aber sehr viele Menschen nutzen diese Möglichkeiten nicht, um sich breit zu informieren, sondern um ihre Vorurteile zu bestätigen. Sie ziehen sich in Filterblasen zurück, in denen nur Nachrichten verbreitet werden, die ihnen kein komisches Bauchgefühl verursachen. Die Bürger verlassen bereitwillig den öffentlichen Raum und begeben sich wie früher die Untertanen auf die Aufmarschplätze der Propagandisten.

Ein Ergebnis ist die Vertrauenskrise der etablierten Medien. In Deutschland werden sogenannte «Mainstream»-Zeitungen von der rechten Szene regelmäßig als «Lügenpresse» oder «Systempresse» (den Begriff benutzte früher vor allem die NSDAP) beschimpft. Anlass sind gelegentlich Fehler in den Medien, oft geht es aber nur um Vermutungen und Verschwörungstheorien. Ähnlich ist es mit der Meinung wissenschaftlicher Experten, etwa zu den Ursachen und Folgen des Klimawandels. Sie stoßen oft schon allein deshalb auf Misstrauen, weil sie Experten sind.

Schlimm liegen die Dinge in den Vereinigten Staaten. Dort hat der Sender Fox News, im Besitz des australischen Medienunternehmers Rupert Murdoch, seit 1996 eine rechte und alternative Welt eingerichtet, in die sich täglich Millionen Zuschauer begeben, auf unabhängige Nachrichten verzichten und ohne Protest *fake news* akzeptieren, weil sie ins eigene Weltbild passen. Nach einer Meinungsumfrage des *Pew Research Center* haben bei der Präsidentschaftswahl 2016 insgesamt 40 Prozent der Wähler von Donald Trump ihre Informationen überwiegend von Fox News bezogen. Bei den Wählern von Hillary Clinton waren es nur drei Prozent.[26] Die Präsidentschaft Trumps hat viel mit *fake news* und dieser Medienwelt zu tun. Trump beschimpft regelmäßig *New York Times, Washington Post* oder CNN als «*Fake News*» und setzt selbst immer wieder echte Falschnachrichten in die Welt (kurz nach Amtsantritt 2017 erfand er zum Beispiel einen Terroranschlag durch Flüchtlinge, den es nie gegeben hat). Eine bemerkenswerte Änderung gab es unter Trump in der Pressepolitik. Das regelmäßige Briefing des Weißen Hauses, bei dem früher an jedem Werktag die Sprecher des Präsidenten den Journalisten des akkreditierten Pressecorps Rede und Antwort standen, findet nur noch in Ausnahmefällen statt. Es ist eine Verkleinerung des öffentlichen Raumes, der unmittelbar nur die Presse betrifft, mittelbar jedoch enorme politische Bedeutung hat. Und wer sich erst einmal in die rechte Filterblase begeben hat, wird dort immer wieder neu von unzähligen einschlägigen Lokalradios und Websites bedient. Die bekannteste ist *Breitbart News*, deren Herausgeber Steve Bannon war. Bannon, zeitweilig Trumps Chefideologe, ist jetzt dabei, in Europa rechte Organisationen für den Kampf gegen die EU zu mobilisieren. Das rechte Meinungskartell hat in der amerikanischen Gesellschaft eine Bereitschaft zu hassen geschaffen, die bis vor kurzem noch unvorstellbar war. Die Konsequenzen sind eindeutig. Bei einer Umfrage im Juni 2018 sagten 31 Prozent der potenziellen Wähler, sie hielten es für wahrscheinlich, dass ein zweiter amerikanischer Bürgerkrieg «innerhalb der kommenden fünf Jahre» ausbricht.[27]

Auf der linken Seite des politischen Spektrums gibt es keine Entsprechung zu dieser Propagandamaschine. Der Sender MSNBC, dessen Macher ihn als linkes Gegenstück zu Fox verstehen, hat längst nicht das Gewicht von Murdochs Kabelkanal. Dafür – und das ist die gute Nachricht dabei – haben linksliberale Zeitungen wie die *New York Times* und die *Washington Post* ihre Qualität beständig gehalten und noch verbessern können. Für die NYT hat sich die Präsidentschaft von Trump bisher als Geschäftsvorteil erwiesen, gerade weil sie unbeirrt an ihren Standards festgehalten hat. Nur erreichen diese Zeitungen lediglich eine liberale Elite, selbst das *Wall Street Journal* mit einem sehr konservativen Meinungsteil wird in der rechten Filterblase nicht gelesen.

Aber auch von links wird der öffentliche Raum angegriffen, nur auf andere Weise. Die Freiheit gerät nicht durch die Medien unter Druck, sondern durch das, was man heute als «Political Correctness» bezeichnet. Jemand, der politisch korrekt sein will, lügt in den meisten Fällen gar nicht aktiv. Das ist der Unterschied zur Fake-News-Kultur auf der Rechten. Aber Politische Korrektheit ist eine (manchmal gar nicht so) sanfte Form der Zensur. Eine Meinung als politisch unkorrekt zu brandmarken, ist eine Form, sich seine eigene Filterblase zu schaffen – wie im Berliner Fassadenstreit. Am besten lässt sich das PC-Unwesen in Amerika an der immer länger werdenden Liste von Rednern an Colleges und Universitäten zeigen, die nach Protesten von Studenten und/oder Lehrkräften wieder ausgeladen werden oder selbst auf einen Auftritt verzichten. Christine Lagarde zum Beispiel, die Direktorin des Internationalen Währungsfonds, sollte im Mai 2014 auf der Abschlussfeier des angesehenen Smith College in Massachusetts sprechen. Sie sagte ihre Rede ab, nachdem Studenten Proteste gegen ihren Auftritt angekündigt hatten. Im Facebook-Kommentar einer Studentin hieß es hinterher: «Der IWF zerstört unseren

Planeten. Wir haben im Unterricht von all den schlimmen Sachen gehört, für die der IWF verantwortlich ist. Und jetzt sollen wir der Direktorin bei der Abschlussfeier applaudieren?»

An das Nächstliegende, der Direktorin *zuzuhören* und hinterher mit ihr zu diskutieren, denkt die Studentin gar nicht. Lagarde ist nicht die einzige Prominente, die in jüngster Zeit von einer amerikanischen Hochschule verwiesen wurde. Nach einer Kampagne von Bloggern, einer Petition auf der Website *change.org* und Protesten des *Council on American-Islamic Relations* (Rat für amerikanisch-islamische Beziehungen) revidierte die Brandeis University in Massachusetts ihre Entscheidung, die in Somalia geborene Atheistin, Islamkritikerin und Frauenrechtlerin Ayaan Hirsi Ali mit einem Ehrendoktor auszuzeichnen. Einige ihrer Äußerungen widersprächen den «Grundwerten» der Universität, erklärte die Verwaltung dazu. Gemeint mit dem Verdikt war möglicherweise Alis Satz, der Islam sei ein «Todeskult». Die Fernsehmoderatorin und Transgender-Aktivistin Janet Mock verzichtete nach heftigen Protesten auf ihre Rede an der Brown University in Providence. Grund der Proteste waren nicht ihre politischen Positionen, sondern die Tatsache, dass Hillel, eine jüdische und proisraelische Studentenorganisation, zu den Sponsoren der Veranstaltung gehören sollte.[28] Die deutsche Variante des akademischen Nichtwissen- und Nichthörenwollens ist der «Münkler-Watch», ein Blog, in dem Studenten im Sommer 2015 die Vorlesungen des Politologen Herfried Münkler an der Humboldt-Universität Berlin sezierten und diesem wahlweise «Eurozentrismus», die Verwendung «rassistischer Stereotypen» und «Extremismus der Mitte» vorwarfen. Die Blogger blieben anonym. Richtig, angemessen und demokratisch wäre es gewesen, die Debatte mit dem Professor in der Vorlesung zu suchen und dabei das Risiko einzugehen, diesem argumentativ unterlegen zu sein.

Aus der Freiheit, seine Meinung zu sagen, ist die Freiheit geworden, andere Meinungen nicht hören zu müssen. Der öffentliche Raum leert sich, und ein Stück Demokratie verschwindet. Dieser Prozess muss umgedreht werden. Argumentieren sollte schon an den Schulen stärker gelehrt werden. Der Einwand, dass eine bestimmte Meinung nicht zumutbar ist, ist im öffentlichen Raum nicht akzeptabel.

Walter Lippmann hat sich mit dem Thema schon vor fast 100 Jahren auseinandergesetzt. Veranlasst hat ihn dazu seine eigene Beobachtung, wie sehr amerikanische Journalisten nach dem Ersten Weltkrieg bei den Verhandlungen um den Friedensvertrag von Versailles im Dienste eines falsch verstandenen Patriotismus die Wahrheit verdrehten und Nachrichten unterdrückten. In seinem 1920 erschienenen und heute zu den Klassikern des Journalismus gehörenden Essay *Liberty and the News* beklagt er, dass die «Arbeit von Reportern verwechselt wurde mit der von Pfarrern, Erweckungspredigern, Propheten und Agitatoren».[29] Seine Schlussfolgerung: Wenn ein Volk nicht mehr auf verlässliche Informationsquellen zurückgreifen kann, «dann werden jedermanns Vermutung und jedermanns Gerücht, jedes Menschen Hoffnung und jedes Menschen Schrullen zur Grundlage des Regierens». Und: «Inkompetenz und Ziellosigkeit, Korruption und Mangel an Loyalität, Panik und schließlich Desaster müssen über jedes Volk kommen, dem ein gesicherter Zugang zu den Fakten verwehrt wird.» Lippmann hatte die fehlgeleitete amerikanische Presse seiner Zeit vor Augen. Er konnte sich wahrscheinlich nicht vorstellen, dass es einmal eine Gesellschaft geben würde, in der es zwar Fakten im Überfluss gibt, die Menschen aber freiwillig darauf verzichten, sie zur Kenntnis zu nehmen, wenn sie ihnen nicht gefallen.

Von dem großen deutschen Fernsehjournalisten Hanns Joachim Friedrichs stammt der Rat an seine Kollegen: «Distanz halten, sich nicht gemein machen mit einer Sache, auch nicht mit einer guten, nicht in öffentliche Betroffenheit versinken, im Umgang mit Katastrophen cool bleiben, ohne kalt zu sein.»[30] Journalisten neigen heute immer mehr dazu, diesen Rat zu missachten und den Menschen zu sagen, was sie zu denken haben. Das ist meist gut gemeint, hat aber, wie man von Lippmann lernen kann, verheerende Folgen. Das merkt man dann, wenn andere den öffentlichen Raum privatisieren, wenn Andersdenkende niedergeschrien werden (real oder virtuell im Internet als «Shitstorm»), wenn Fakten keine Rolle mehr spielen. Die Freiheit ist dann in höchster Gefahr. Die «Schrullen», von denen Walter Lippmann schrieb, sind in der Praxis giftige Verschwörungstheorien. Zu Lippmanns Zeiten ließen sich die Menschen von den «Protokollen der Weisen von Zion» schrecken, einem aus mehreren Quellen zusammengeschriebenen antisemitischen Machwerk, in dem es um angebliche Pläne des «Weltjudentums» geht, die Herrschaft über die Welt zu erlangen. Heute ist die Fülle von Verschwörungstheorien kaum zu übersehen. Rechtskonservative in den USA zum Beispiel glauben an die Theorie vom «Deep State». Gemeint ist eine Verschwörung staatlicher Bürokratien, die angeblich die Politik in Washington aus dem Hintergrund heraus manipulieren und den Amerikanern ihre Freiheit nehmen wollen, durch ein staatliches Gesundheitssystem oder strengere Waffengesetze. Das ist keine harmlose Spinnerei. Wer an «Deep State» glaubt und sich davon bedroht fühlt, hat in Amerika keine Schwierigkeiten, sich bis an die Zähne zu bewaffnen. Entsprechend stark sind rechtsextreme Milizen, die sich gegen Steuern oder Einwanderer wenden oder der Konföderation der sklavenhaltenden Südstaaten im amerikanischen Bürgerkrieg nachtrauern. Viele Verschwörungstheorien haben mit den Attentaten vom 11. September 2001 zu tun. Wer das Internet durchsucht nach «9/11 was an inside job», stößt auf unzählige Einträge mit den wildesten Theorien über die wahren Verantwortlichen des furchtbaren Anschlags mit Tausenden von Toten. In Wirklichkeit stünden Teile der amerikanischen Regierung dahinter, die CIA, Israel oder «die Juden», eine Behauptung, die auch der deutsche Rechtsextremist Horst Mahler aufstellte. In Wirklichkeit ist der Hergang des Angriffs längst geklärt, man kennt die Täter und weiß, dass der saudische Terrorist Osama bin Laden die Angriffe geplant hat. Aber weil der öffentliche Raum erodiert und die Menschen in ihren Filterblasen leben, werden die Lügen immer weiter getragen, vor allem in Amerika, aber auch in Deutschland. In Rottenburg in Baden-Württemberg gibt es den Kopp-Verlag, der sich auf Verschwörungsliteratur spezialisiert hat. Sehr verbreitet sind Theorien, wonach bestimmte Clubs die Welt steuern, die Bilderberg-Gesellschaft etwa oder die liberal-konservative Mont-Pèlerin-Gesellschaft (siehe Kapitel 1) und dass die «Mainstream-Medien» systematisch die Wahrheit unterdrücken. In Russland, wo sich die öffentliche, demokratische Sphäre nach den Verwüstungen des Sozialismus kaum erst gebildet hat, glauben zwei Drittel der Bürger an eine geheime Weltregierung.[31] Und sehr viele Menschen sind davon überzeugt, die Notenbank der USA sei in Wirklichkeit eine Verschwörung der Wall-Street-Banken oder, wahlweise, der Rockefellers, der Morgans und der Rothschilds, und der Dollar sei gar kein richtiges Geld, was nur niemand wisse. Nichts davon stimmt, aber der Aberglaube ist so mächtig, dass man die Parole «End the Fed» («Schluss mit der Notenbank») in Amerika zeitweise sowohl bei Veranstaltungen der rechten «Tea Party» als auch bei linken Aktivisten von «Occupy Wall Street» finden konnte.

Wenn so viele Menschen beweisbare Fakten nicht mehr zur Kenntnis nehmen und die Aussagen von Fachleuten nicht gelten lassen, dann wird der Andersdenkende zum Feind und im schlimmsten Fall zum Teil einer Verschwörung. Das dramatischste Beispiel für eine Filterblase, in der unbequeme Fakten nicht zur Kenntnis genommen werden, ist der Umgang mit dem Thema Klimawandel. Dass sich die Erde erwärmt, kann man sehen und vor allem messen, an den Fakten gibt es nicht den geringsten Zweifel. Über die Tatsache, dass dieser Klimawandel menschengemacht ist und mit dem steigenden Anteil von Kohlendioxid in der Atmosphäre seit der Industriellen Revolution zu tun hat, sind sich nicht alle, aber fast alle Fachwissenschaftler einig. Aber das sind eben sehr unbequeme Nachrichten. Nimmt man sie ernst, müssten sehr viele Menschen ihren Lebensstil ändern, und nicht nur in den reichen Industrieländern. Vermutlich gerade deshalb hat sich, besonders in den Vereinigten Staaten, eine riesige Industrie der Klimaleugner gebildet. Präsident Trump ist ganz vorne mit dabei und behauptet, die Theorie von der Erderwärmung sei eine Verschwörung der Chinesen, um der amerikanischen Industrie ihre Wettbewerbsfähigkeit zu rauben. Konsequenterweise treten die USA daher auch aus dem Pariser Klimaabkommen aus. Der Umweltpolitiker der AfD, Karsten Hilse, sagte im Deutschen Bundestag, der Klimawandel sei eine «Phantasie grüner Ideologen» und ein Programm zur Enteignung der deutschen Autofahrer. Andere halten den Klimawandel für eine Verschwörung der Münchener Rückversicherung (heute: Munich Re), deren Klimatologen mit als Erste vor der Erderwärmung gewarnt hatten. In Deutschland ist die Zahl derer, die nicht an den Klimawandel glauben, zwar sehr klein, in den USA jedoch ist nach Meinungsumfragen weniger als die Hälfte der Bevölkerung davon überzeugt, dass die Erderwärmung ein ernsthaftes Problem darstellt.

Wenn Fakten geleugnet werden, verschwinden die Bereitschaft und Fähigkeit einer Gesellschaft, Probleme zu lösen. Das Vorurteil setzt sich durch gegen das Argument. Furcht, Ressentiment und Hass übertrumpfen Abwägung und Gemeinsinn. Im schlimmsten Fall wird aus einem vorherrschenden Ressentiment soziale Tyrannei. Brutal wird diese Tyrannei, wenn das Ressentiment und der Hass den öffentlichen Raum erobern. Was im August des Jahres 2018 auf den Straßen von Chemnitz passierte, ist daher so etwas wie das Fanal eines antiliberalen Zeitalters. Nachdem ein Iraker und ein Syrer einen jungen Mann erstochen hatten, randalierte ein rechtsextremer Mob durch die Straßen der alten Arbeiterstadt und skandierte: «Wir sind das Volk» («Wir» hieß in dem Fall: «nicht die anderen») und: «Ausländer raus!» und attackierte ausländisch aussehende Menschen. Die sächsische Polizei war zunächst nicht in der Lage, den Mob unter Kontrolle zu bringen und den öffentlichen Raum zu schützen. Es sah zeitweise so aus, als sei das Konzept der «national befreiten Zone» aufgegangen, das in den 1990er Jahren im Umfeld der rechtsextremen NPD entstanden war. Das bestand darin, «Freiräume» zu schaffen, in denen Mitglieder der Partei faktisch die Macht ausübten und «Feinde» vertrieb. Das Konzept war bis dahin nicht besonders erfolgreich.[32]

Die Ausschreitungen von Chemnitz und der Versuch, «national befreite Zonen» in einigen Städten Ostdeutschlands zu errichten, sind aber nur ein Beispiel für die Erosion des öffentlichen Raums in Deutschland aus den vergangenen Jahren. Zu Recht berüchtigt sind die Ereignisse in der Silvesternacht von 2015 auf der Domplatte zu Köln, als mehr als 1000 junge Männer, vorwiegend aus Nordafrika, massenhaft sexuelle Belästigungen begingen und das Gebiet zwischen Hauptbahnhof und Dom stundenlang für Frauen zur No-go-Area machten. Die Ereignisse ließen die zuvor sehr positive Stimmung gegenüber Flüchtlingen in Deutschland kippen. Verheerend wirkte sich vor allem aus, dass in der Öffentlichkeit der Verdacht entstand, die Polizei sei weder willens noch in der Lage gewesen, die Frauen auf der Domplatte zu schützen, und sie verharmlose die Lage im Zweifel nur. Es galt, besonders unter der damaligen rot-grünen Landesregierung Nordrhein-Westfalens, als politisch inkorrekt, entschieden gegen Kriminalität durch Ausländer vorzugehen und schonungslos darüber zu berichten. Die erste Pressemitteilung der Kölner Polizei nach der Silvesternacht trug die Überschrift: «Ausgelassene Stimmung – Feiern weitgehend friedlich». Die Menschen hatten, vermutlich zu

Recht, den Eindruck, dass die Beschreibung der Wirklichkeit unterlassen wurde, weil sie politisch unbequem war. Als es dann mit Stunden und Tagen Verspätung endlich ungeschminkte Berichte von den Ereignissen gab, wirkten diese umso verheerender. So wird Vertrauen in die offene Gesellschaft zerstört, und das hat seinen Preis.

Ein weiteres Beispiel für den Kontrollverlust über den öffentlichen Raum sind die Krawalle während des G20-Gipfels im Juli 2017 in Hamburg. Zeitweise war das Gebiet um das alternative Wohnprojekt «Rote Flora» eine No-go-Area für Polizisten. Auf ihre Weise haben die Linksextremisten in Hamburg eine Zeitlang erreicht, was die Rechtsextremisten mit ihren «national befreiten Zonen» in Ostdeutschland anstreben: die gewaltsame Privatisierung des öffentlichen Raums, die «Versenkung» der demokratischen Ordnung, die sie «Kapitalismus» nennen. «Die Straßen werden den Menschen gehören, die den Gipfel nicht eingeladen haben», hieß es im offiziellen Aufruf der Antifa. Und: «Wir werden unsere Ablehnung der kalten und grausamen Welt des globalen Kapitalismus deutlich machen, wie sie von den G20 repräsentiert und organisiert wird.»[33] Fatal war nicht nur, dass Senat und Polizei in Hamburg trotz langer Vorbereitung von der Gewalt überrollt wurden, ähnlich wie 13 Monate später die Behörden in Chemnitz. Symptomatisch war, dass auch nicht gewalttätige Globalisierungsgegner hinterher viel Verständnis für die Gewalttäter zeigten, aber sehr wenig für die Behörden. Der Republikanische Anwältinnen- und Anwälteverein behauptete, der Senat habe das Grundrecht auf Versammlungsfreiheit verletzt und sich «repressiv» gegen «Protestcamps» am Rande des Gipfels verhalten. Die Bereitschaft zu Gewalt wird als akzeptabel und legitim vorausgesetzt. Unzählige (über die genauen Zahlen gibt es unterschiedliche Aussagen) Polizisten und Demonstranten wurden bei den Gewaltexzessen verletzt, der Staat zeigte sich über Stunden wehr- und hilflos. 30 000 Polizisten waren im Einsatz, sie konnten die Krawalle nicht verhindern. Die Täter, die meisten aus dem Ausland, plünderten Geschäfte, fackelten Autos ab und griffen Polizisten an. Die Organisatoren der Demonstrationen distanzierten sich explizit nicht von der Gewaltorgie. In einer Presseerklärung verkündeten sie stolz, es habe sich gezeigt, «wie vielfältige und unterschiedliche Formen des Widerstands sich zu einer erfolgreichen Gesamtdynamik entwickeln können». Und «zielgerichtete Militanz ist für uns eine Option und ein Mittel, um über rein symbolische Protestformen hinauszukommen».[34] So weit gingen die wenigsten Unterstützer, bei den meisten herrschte nach den Krawallen ehrliches Entsetzen. Weite Teile der Öffentlichkeit waren und sind aber davon überzeugt, dass die Protestierer für eine gerechte Sache kämpften, wenn auch mit den falschen Mitteln. Mehrere christliche Kirchen brachten mit einem gemeinsamen Gottesdienst in Hamburg «ihren Protest gegen die Politik der G20-Staaten zum Ausdruck», wie es offiziell hieß. Schon Monate vor der G20-Tagung hatte Attac in der Hamburger Stadtteilschule Walddörfer – sie gehört der Stadt Hamburg – eine «Aktionsakademie» veranstaltet, bei der die Teilnehmer lernten, wie man «kreativ» dem «Generve mit der Polizei» begegnet. Die G20-Krawalle sind noch lange nicht aufgearbeitet, juristisch nicht und erst recht nicht politisch. Die Proteste haben eine leicht groteske Seite, weil niemand genau sagen kann, wogegen sie sich eigentlich richten, denn so etwas wie «die» Politik der G20-Staaten, die man anprangern könnte, gibt es nicht. Wie sollte es auch anders sein in einer Staatengruppe, der die USA ebenso angehören wie Deutschland, Russland, China, Saudi-Arabien, Südafrika oder Argentinien?

Der öffentliche Raum wird bereitwillig zerstört, und die aufgeklärte, sich als weltoffen und tolerant verstehende Gesellschaft schaut verständnisvoll zu. Dieser Trend muss umgekehrt werden. Es darf keine Toleranz geben für Gewalt und für die Privatisierung des öffentlichen Raums durch militante Gruppen oder Kriminelle. Und besonders junge Leute müssen wieder lernen, zu diskutieren und sich mit anderen Meinungen auseinanderzusetzen. Ein kleines, aber sehr positives Beispiel dafür, wie das gehen könnte, ist die Aktion «Deutschland spricht» der Wochenzeitung *Die Zeit* aus dem Juli 2018, bei der gezielt politisch Andersdenkende zusammengebracht und so ermuntert wurden, ihre Meinungen untereinander auszutauschen.

# KAPITEL 3

# MARKT

**Missverständnisse über eine
Kulturtechnik**

Im Herbst 2015 beschäftigte Deutschland die Flüchtlingskrise und die Reaktion von Teilen der Öffentlichkeit auf diese Krise. In den Straßen Dresdens demonstrierte regelmäßig das fremdenfeindliche Bündnis Pegida gegen die Flüchtlingspolitik der Bundesregierung, die Szenen wurden zunehmend hässlicher. Die bei weitem größte Demonstration des Jahres hatte aber weder mit Flüchtlingen zu tun noch mit Rechtsextremisten, sondern mit dem Kampf gegen den Freihandel. An die 250 000 Menschen gingen am 10. Oktober 2015 in Berlin auf die Straße, um gegen die Handelsabkommen TTIP (Transatlantic Trade and Investment Partnership) mit den Vereinigten Staaten und Ceta (Comprehensive Economic and Trade Agreement) mit Kanada zu demonstrieren. Zu dem Marsch hatte ein Bündnis aus Gewerkschaften, Umweltschützern und Globalisierungskritikern aufgerufen. Grüne und Linke unterstützten den Protest, ebenso die AfD. Für einige Aufregung sorgte auch ein Bild von der im Übrigen friedlichen Kundgebung. Über Twitter waren Demonstranten zu sehen, die die sehr realitätsnahe, blutverschmierte Attrappe einer Guillotine vor sich hertrugen. Darauf war zu lesen: «Pass blos auf Sigmar!» Gemeint war Wirtschaftsminister Sigmar Gabriel.

Man wolle «die Zukunft nicht den Märkten überlassen, sondern die Demokratie retten», sagte Michael Müller, Bundesvorsitzender der Naturfreunde (ein SPD-Politiker und früherer Umweltstaatssekretär, nicht zu verwechseln mit dem gleichnamigen Berliner Bürgermeister), zum Auftakt. Und niemand störte sich an der Guillotine, die peinlich an die Galgen für Angela Merkel erinnerte, die kurz zuvor auf einer Pegida-Demonstration gegen die Flüchtlingspolitik herumgetragen wurden.

Inzwischen hat sich die Debatte über den Freihandel deutlich geändert. Der oberste Freihandelsgegner der Welt ist der amerikanische Präsident, und der tut genau das, was die Demonstranten in Berlin gefordert hatten – er kippte das halb ausverhandelte TTIP-Abkommen mit Europa und zwang Kanada und Mexiko, das von Globalisierungsgegnern ebenfalls ungeliebte Freihandelsabkommen für Nordamerika (Nafta) neu zu verhandeln. Im Ergebnis ging die Sache für die beiden Nachbarstaaten der USA glimpflich aus. Sie mussten Änderungen zu ihren Lasten hinnehmen, die hielten sich jedoch in Grenzen. Es bleibt die Erkenntnis, dass der Präsident der (noch) wichtigsten Wirtschaftsnation der Erde eine dezidiert nationalistische, illiberale Haltung zu Handelsfragen hat und dass die in der Konsequenz den Positionen von Freihandels- und Globalisierungsgegnern ähnelt. Das hat durchaus politische Konsequenzen, wenn etwa globalisierungskritische Gruppen das bereits unterzeichnete und vorläufig in Kraft getretene Handelsabkommen Ceta mit Kanada noch zu verhindern versuchen. In Bayern ist sogar der Wirtschaftsminister Hubert Aiwanger von den konservativen Freien Wählern gegen Ceta. Dabei braucht die EU das linksliberal regierte Kanada dringend als Verbündeten gegen den grassierenden Protektionismus in der Welt.

Oder die Gruppe der 20 größten Industrie- und Schwellenländer, gegen deren Treffen in Hamburg 2017 so gewalttätig demonstriert wurde. Die G20 sind zunächst ein Forum der internationalen Zusammenarbeit, das Krisen verhindern oder lösen soll. Derzeit müssen die G20 mit dem Risiko leben, dass Präsident Trump ihre Erklärungen bedeutungslos macht. Das Gremium verdankt seine Existenz der Erkenntnis, dass die Industrieländer die Probleme der Welt nicht mehr unter sich ausmachen können. Sie ist daher repräsentativer als andere Foren. Auch große Schwellenländer sollten eingebunden werden. Das hat den Nachteil, dass jetzt, wie bei den Vereinten Nationen, auch undemokratische Länder (China, Saudi-Arabien) mitwirken, der Vorteil liegt darin, dass die G20 repräsentativer für die Welt sind als die G7. Wie nützlich die Institution ist, zeigte sich in der Finanzkrise. Da haben die G20 viel dazu beigetragen, dass die Lage in der Welt stabilisiert wurde. Und gegen so eine Institution auf die Barrikaden gehen?

Ähnlich ist es mit Protesten gegen Institutionen wie den IWF, die Weltbank und die Welthandelsorganisation WTO: Es trifft jene Einrichtungen, die dazu da sind, ein Ordnungsgerüst für die Märkte zu errichten. Die WTO legt Handelsregeln fest, die für alle gleich sind, die Weltbank finanziert Projekte in armen und sich entwickelnden Ländern, für die es sonst kein Geld gäbe. Und der IWF ist so etwas wie eine Versicherung gegen den Staatsbankrott. Protestiert wird gegen Investitionsprojekte der Weltbank, in der alle Nationen zusammenarbeiten. Protestiert wird nicht gegen die rücksichtslose Investitionspolitik der

Volksrepublik China in Afrika, die sich ausschließlich an den Rohstoffinteressen Pekings orientiert.

Was die Menschen antreibt, ist Angst, nicht das Verständnis für wirtschaftliche Zusammenhänge. Die Mischung aus Nichtwissen und Gewaltbereitschaft ist eine Gefahr für die Freiheit. «Menschen, die den Zugang zu den relevanten Fakten in ihrem Umfeld verloren haben, werden unvermeidlich zu Opfern von Agitation und Propaganda», schrieb Walter Lippmann nach dem Ersten Weltkrieg.[35] Heute sind theoretisch alle relevanten Informationen für jedermann zugänglich. Aber – was Lippmann sich sicher nicht vorstellen konnte – viele Menschen weigern sich, sie zur Kenntnis zu nehmen. Bei dem ökumenischen Gottesdienst in Hamburg im Juli 2017 am Rande der G20-Proteste beklagte Bischof Charles Jason Gordon aus Trinidad-Tobago, ein Prozent der Weltbevölkerung besitze mehr als die übrigen 99 Prozent (die Zahlen entstammen einer umstrittenen Studie der Nichtregierungsorganisation Oxfam). Angeprangert wird die zunehmende Ungleichheit innerhalb vieler Länder. Dass aber der Anteil der Armen auf der Welt in der neueren Geschichte noch nie so niedrig war wie heute, erwähnte niemand, obwohl Armut doch ein Kernthema der Kirchen ist.

Das öffentliche Gespräch wird mittels Leerformeln und Schablonen geführt. Und eine dieser Schablonen ist «der Markt». «Die Zukunft nicht den Märkten überlassen, sondern die Demokratie retten» – die Worte des Vorsitzenden der Naturfreunde bei den Protesten gegen TTIP in Berlin sind typisch und dürften auf breite Unterstützung gestoßen sein. In weiten Teilen der Öffentlichkeit werden Märkte wahrgenommen als etwas, das es zu meiden gilt und das mit der Demokratie in Konflikt gerät. Dies und jenes dürfe nicht der «Marktlogik unterworfen werden», ist eine Forderung, die nicht zuletzt im deutschen Kulturbetrieb gang und gäbe ist.

Aber Feindschaft gegen den Freihandel, Märkte und den Neoliberalismus gründet oft auf Unverständnis für das, was Märkte überhaupt sind und wie sie funktionieren. Märkte sind nicht die anonyme, kalte Macht, als die sie oft dargestellt werden, sondern eine uralte Kulturtechnik. Jemand braucht etwas und bietet dafür etwas anderes an. Dabei versucht er so zu handeln, dass das Ergebnis für ihn am günstigsten ist. Märkte machen das Eigeninteresse der Menschen nutzbar. Niemand hat dies anschaulicher dargestellt als Adam Smith, der Begründer der Nationalökonomie, in seiner berühmten Wendung: «Nicht vom Wohlwollen des Metzgers, Brauers und Bäckers erwarten wir unser Nachtmahl, sondern von deren Bedacht auf ihre eigenen Interessen.»[36] Märkte gibt es überall, auch in sozialistischen Staaten, wie jeder weiß, der die DDR noch miterlebt hat. Dort dienten Schwarzmärkte dazu, die Lücken zu schließen, die die staatliche Planwirtschaft hinterließ. Friedrich von Hayek hat den Markt als eine Art Meinungsbildungsprozess beschrieben: Die einen Produkte haben Erfolg, die anderen nicht. Der Erfolg misst sich in den Preisen. Steigende oder fallende Preise sind daher Informationen für Marktteilnehmer, an denen sie ihr Handeln ausrichten können. Es sind Informationen, die es ohne Märkte niemals gäbe. Deshalb spricht Hayek vom Wettbewerb als einem «Entdeckungsverfahren». Was man von Hayek lernen kann, ist: Wer die Zukunft den Märkten überlässt, der überlässt sie in Wirklichkeit den Menschen der Zukunft und den Entdeckungen, die sie vielleicht machen werden. Niemand weiß, wie diese Zukunft aussieht, daher wäre es anmaßend und ein Betrug an kommenden Generationen, dieses Entdeckungsverfahren zu unterbinden. Wettbewerb ist kein Nullsummenspiel, sondern eine Quelle des Fortschritts.

Wohl wahr: Märkte brauchen Regeln, sie brauchen zuweilen klare Verbote – etwa von gefährlichen Chemikalien –, sie brauchen so etwas wie eine Verfassung. Die unter Globalisierungsgegnern so verhasste Welthandelsorganisation ist der Versuch, auf internationaler Ebene so eine Verfassung zu schaffen, das Abkommen TTIP hätte, wäre Donald Trump nicht gewählt worden, dies auf umfassendere Weise zwischen der Europäischen Union und den Vereinigten Staaten getan. Es stimmt auch: Märkte können Ungleichheit schaffen. Wem es gelingt, die Bedürfnisse der Verbraucher besser als andere zu befriedigen, der verdient mehr Geld, der erlangt auch mehr Macht als andere. Aber diese Macht ist immer nur vorübergehend, sie verschwindet, wenn jemand anderes eine bessere Lösung für ein Problem anbietet. Wettbewerb sei das «genialste Entmachtungsinstrument der Geschichte», sagte daher Franz Böhm, einer der Väter der Sozialen Marktwirtschaft in der Bundesrepublik. Voraussetzung dafür ist, dass Märkte auch wirklich frei und offen bleiben. Deshalb muss der Staat, wo es geht, gegen Monopole vorgehen. Dass dies bei den neuen internationalen Internet-Konzernen schwierig ist, nährt derzeit die Ressentiments gegen Liberalismus und Marktwirtschaft.

Viel zitiert wird in diesen Tagen der spanische Schriftsteller Manuel Vázquez Montalbán mit seinem Diktum von der «kapitalistischen Weltrevolution», die angeblich die Menschheit bedroht. Eine Weltrevolution ist tatsächlich im Gange, aber es ist eine technische, naturwissenschaftliche. Sie hat mit dem Internet zu tun, mit künstlicher Intelligenz, Bevölkerungswachstum und vor allem mit dem Zwang, sich schnell und effektiv dem Klimawandel zu stellen. Die Frage ist, ob diese Veränderung in einer kapitalistischen, marktwirtschaftlichen oder irgendeiner anderen Wirtschaftsform stattfinden soll.

Das ist alles andere als trivial. Das Gegenmodell zur kapitalistischen Marktwirtschaft, die sozialistische Planwirtschaft, ist vor dreißig Jahren grandios gescheitert. Am Schicksal der DDR oder der Sowjetunion konnte jeder sehen, was passiert, wenn man die Zukunft nicht den Märkten überlässt, sondern Kommissaren und Plankommissionen. Auch heute noch sind in Venezuela, Kuba und Nordkorea die letzten Ausläufer des Sozialismus mit allen seinen Folgen zu besichtigen. Trotzdem verblasst die Erinnerung an das große sozialistische Experiment. Und unter Jüngeren wird es immer attraktiver, von einer Alternative zum Kapitalismus zu träumen, von einer «solidarischen Wirtschaft», wie sie etwa der linke Ökonom Elmar Altvater nennt.

Aber was heißt das – «solidarisch»? Im Römischen Recht bedeutete Solidarität (abgeleitet von solidus = fest) ganz einfach «gemeinsame Haftung». Heute ist der Begriff hinreichend unscharf geworden. Für die meisten hat Solidarität jedoch etwas mit «Zusammenstehen» zu tun oder mit «Verzicht» und «Gemeinwohl». Papst Franziskus sagt in seinem Apostolischen Schreiben *Evangelii Gaudium* von 2013, das Wort «Solidarität» bezeichne «viel mehr als einige gelegentliche großherzige Taten». Es erfordere, «eine neue Mentalität zu schaffen, die in den Begriffen der Gemeinschaft und des Vorrangs des

Lebens aller gegenüber der Aneignung der Güter durch einige wenige denkt».[37] Der Papst geht in seinem Sendschreiben automatisch davon aus, dass es eines Akts der Solidarität bedarf, damit die Güter nicht durch einige wenige angeeignet werden. Das steht im Gegensatz zur liberalen Überzeugung und zur historischen Erfahrung, dass nämlich Gesellschaften am besten damit fahren, wenn alle ihre Mitglieder das tun können und dürfen, was sie wollen. Dem steht nicht entgegen, dass diese Gesellschaften auch Solidarität üben in dem Sinne, dass im Ernstfall alle für einen eintreten. Versicherungen sind Solidargemeinschaften – was man etwa von einer Unfallversicherung bekommt, hängt vom eigenen Schaden ab, aber nicht davon, wie viel man vorher eingezahlt hat. Moderne Wohlfahrtsstaaten sind Solidargemeinschaften, denn sie geben ihren Mitgliedern eine unbedingte Versorgungsgarantie. Solidarität ist auch nicht mit Großherzigkeit zu verwechseln. Wer in eine Solidargemeinschaft einzahlt, tut dies aus Eigeninteresse, denn er selbst kann ja einmal zu den Bedürftigen zählen. Insofern sind die Aussagen des Papstes zu diesem Thema zumindest missverständlich.

Solidarität ist auch eine elementare Erfahrung der Arbeiterbewegung. Eine Gewerkschaft erreicht etwas, wenn sie streikfähig ist, wenn ihre Mitglieder also bereit sind, kurzfristig individuelle Opfer zu bringen – Gehaltseinbußen hinnehmen und in eine Streikkasse einzahlen, um ein gemeinsames Ziel zu erreichen: einen Tarifvertrag oder höhere Löhne. Wenn aber Solidarität ein wabernder Begriff wird, ohne Grenzen, ohne klare Definition – dann wirkt dieser wie ein nicht einlösbares Versprechen. Und weil es nicht einzulösen ist, endet es mit Heuchelei,

Frustration und Populismus. Das Versprechen der Solidarität kann eine Gesellschaft sogar erpressbar machen, wie der Ökonom Herbert Giersch schrieb.[38] Noch keine der mit dem Anspruch der umfassenden Solidarität auftretenden politischen Bewegungen im globalen Süden, die von vielen Linken im Westen so bewundert wurden, haben den Menschen Glück und Wohlstand gebracht. Venezuela ist ein *failed state*, Nicaragua hat sich zu einem verarmten, von Korruption geplagten Familienunternehmen des ehemaligen Revolutionärs Daniel Ortega und seines Clans entwickelt.

Der sorgfältige Umgang mit dem Begriff der Solidarität ist deshalb so wichtig, weil er so oft missbraucht wird. Die Thüringer AfD etwa fordert einen «solidarischen Patriotismus», der sich vor allem dadurch auszeichnet, dass er viele Menschen von der Solidarität ausschließt, nämlich alle Ausländer – und eine Art völkische DDR im vereinigten Deutschland schaffen will. Auf der linken Seite liest sich das so: «Solidarität ist die Zärtlichkeit der Völker», schrieben Demonstranten gegen das G20-Treffen in Hamburg auf ihre Plakate. Das klingt schön, bedeutet in der Praxis meist eine Aufforderung zum Guerillakrieg. Der Satz stammt wahrscheinlich von der nicaraguanischen Schriftstellerin Gioconda Belli, vielleicht auch von dem linken Priester Ernesto Cardenal und wird heute meist dem kubanischen Revolutionär Che Guevara zugeschrieben. Man verwendet ihn, um Hass zu verbreiten, Hass auf Andersdenkende, auf den Internationalen Währungsfonds, auf die Amerikaner. Die meisten aber meinen, wenn sie über «Solidarität» reden, dass sie ganz einfach die liberale Marktwirtschaft ablehnen. Die Forderung nach einer «solidarischen» Weltwirtschaft ist irreführend. Wem es darum geht, dass die armen Länder wohlhabender werden, muss dafür sorgen, dass sie Zugang zu den Märkten der Industrieländer bekommen, er muss helfen, dass die neoliberale Globalisierung funktionieren kann.

Oft ist die Feindschaft dem Markt gegenüber einem generellen Misstrauen gegen Veränderung oder auch einer kollektivistischen Sehnsucht nach der großen, konfliktfreien Gemeinschaft geschuldet. Sie verbindet sich, besonders in Deutschland, mit einer unseligen Tradition der konservativen Fortschrittsverweigerung, die auch heute noch nachwirkt. Der rechtskonservative Ökonom Werner Sombart zum Beispiel setzte eine nachhaltige mit einer stationären (also nicht mehr wachsenden) Wirtschaft gleich, ein Gedanke, der auch heute vielen modernen Wachstumskritikern nicht fremd ist. In seinem Buch *Deutscher Sozialismus*, mit dem Sombart sich 1934 den Nationalsozialisten andienen wollte, schrieb er: «Auf ‹Fortschritte›, wie sie das ökonomische Zeitalter kennzeichnen und dem Wesen des Kapitalismus entsprechen, der von einer ständigen Revolutionierung des Produktions- und Absatzprozesses sein Dasein fristet, verzichten wir. Ein Volk, das mit der Gestaltung seiner äußeren Lebensbedingungen nicht zu Rande kommt, ist krank.»[39] Das Bild von der stationären Wirtschaft schwingt heute noch mit, wenn von der «solidarischen Wirtschaft» die Rede ist. Sombart vergaß auch nicht zu erwähnen, dass eine stationäre Wirtschaft viel leichter geplant werden kann als eine dynamische. Das NS-Regime hat sich nie an Sombarts Rat gehalten, was die Sache aber nicht besser macht.

Die Frage, ob die Industriegesellschaften dieser Sombart'schen Sehnsucht nach dem stationären Zustand nachgeben oder ob wir die Zukunft den dynamischen Märkten überlassen, hat existenzielle Bedeutung für die Zukunft des Planeten. Es gibt seit mehreren Jahren eine sehr aktive «Degrowth»-Bewegung in vielen westlichen Ländern. Im Herbst 2018 veröffentlichten 200 Wissenschaftler, die der Bewegung nahestehen, einen offenen Brief, in dem sie von der EU eine Umkehr zu einer Strategie des «Wohlstands ohne Wachstum» fordern: «Um die sozialen Probleme in den europäischen Ländern zu lösen, brauchen wir heute kein weiteres Wachstum. Was wir brauchen, ist eine gerechtere Verteilung der Einkommen und des Reichtums, den wir bereits haben.»[40] Es ist der alte und fatale Irrtum, man könne die Zukunft sichern, indem man das Bestehende neu verteilt. Damit die Menschheit lernt, innerhalb ihrer ökologischen Grenzen zu leben, sind neues Wissen und neue Technik notwendig, und wie sollen die gefunden werden, wenn nicht auf dynamischen Märkten? Der Verzicht auf Wachstum ist keine Lösung. Der Bau einer Windturbine führt statistisch zu mehr Wachstum, sie ist aber gut für die Umwelt. Wohl wahr, freie Märkte übernutzen Naturgüter, weil diese zu billig sind oder gar nichts kosten. Deshalb bedarf es eines Staates, der für die Natur einen Preis festsetzt (Ökosteuer, Emissionshandel) und der klare ökologische Vorgaben erlässt. Der Staat sollte es dann den Märkten überlassen, wie sie diese umsetzen. Die Abwehr der «Marktlogik» bringt dabei gar nichts, im Gegenteil. Die Geschichte der Sowjetunion und der DDR hat gezeigt, wie fahrlässig staatliche Bürokratien mit der Umwelt umgehen. Der bisher schlimmste Reaktorunfall in einem Kernkraftwerk ereignete sich 1986 nicht in einer Marktwirtschaft, sondern in Tschernobyl in der damals sowjetischen Ukraine.

Fatal ist es allerdings, wenn der Staat seiner Regulierungsaufgabe nicht nachkommt. Dann kann aus Staatsversagen eklatantes Marktversagen werden. Das gilt nicht nur für die Klimapolitik. Der folgenreichste Fall von Staats- und Marktversagen in der jüngeren Geschichte waren die Finanzkrise und die Große Rezession der Jahre 2007/09. Am Anfang dieser Krise stand eine vermeintlich gute Tat, der Versuch, Menschen mit geringem Einkommen zu Wohneigentum zu verhelfen. Politiker aller Parteien verpflichteten Banken dazu, Hauskredite an Familien auszureichen, die sich bisher eigene Immobilien nicht leisten konnten. Neue Finanzinstrumente sollten das möglich machen. Sie erlaubten es zum Beispiel, Kredite zu bündeln und sie an Leute zu verkaufen, die bereit waren, hohe Risiken einzugehen und mit diesen zu handeln. Das alles konnte allerdings nichts daran ändern, dass bei armen Familien das Risiko sehr groß ist, dass etwas Unvorhersehbares geschieht und sie ihre Kredite nicht zurückzahlen können. Als dann tatsächlich etwas passierte – die Zinsen stiegen, und der Immobilienmarkt in den gesamten USA brach ein –, gingen die Zeitbomben hoch. Jetzt zeigte sich, wie schlecht reguliert die Finanzmärkte in Wirklichkeit waren. *Credit Default Swaps* (CDS) zum Beispiel, die 2008 fast das Finanzsystem zerstört hätten, sind eigentlich nichts anderes als Versicherungen gegen den Ausfall von Krediten, nur eben in einer einfachen, leicht handelbaren Form. Wenn CDS aber nicht reguliert werden, können unvorsichtige Finanzfirmen sie in ihren Bilanzen häufen, wo sie dann zu «finanziellen Massenvernichtungswaffen» werden, nach einem berühmten Bonmot des Investors Warren Buffett. Niemand konnte sich vorstellen, dass der Immobilienmarkt in den gesamten

Vereinigten Staaten einbrechen würde, dass Millionen von Hauskrediten faul wurden und Banken darauf nicht vorbereitet waren, weil ihnen das Eigenkapital fehlte, sodass sie vom Staat gerettet werden mussten.

Inzwischen haben Politiker und Behörden dazugelernt. Die Finanzmärkte wurden umfangreich neu reguliert. Investmentbanken dürfen zum Beispiel nicht mehr auf eigene Rechnung riskante Spekulationsgeschäfte abschließen, die Banken müssen größere Reserven vorhalten, sodass sie gegen künftige Risiken gewappnet sind. Eine Wiederholung der Panik vom September 2008 dürfte in dieser Form so gut wie ausgeschlossen sein. Die Neuregulierung der Märkte blieb aber unvollständig, zu einer umfassenden juristischen Aufarbeitung der Krise ist es nie gekommen (nur die wenigsten Verantwortlichen hatten sich ja im strafrechtlichen Sinne etwas zuschulden kommen lassen), und der Zorn darüber, dass die Regierungen über eine Billion Dollar und Euro ausgaben, um Banken mit ihren hochbezahlten Managern und Händlern zu retten, wirkt bis heute nach. Das Marktprinzip, wonach jeder die Konsequenzen seines Tuns zu tragen hat, wurde missachtet. Es ist, als sei an der Wall Street und den anderen Finanzplätzen dieser Welt der uralte Spruch bestätigt worden: Die Kleinen hängt man, die Großen lässt man laufen. Eine Spätfolge ist die populistische Welle in vielen Ländern, die jetzt auch in Deutschland die Freiheit bedroht.

Grundsätzlicher betrachtet, brach die Finanzkrise deshalb aus, weil Politiker und Notenbanker wichtige Regeln für eine liberale Wirtschaftsordnung missachtet hatten, darunter vor allem das Gebot, dass Unternehmen, auch Banken, pleitegehen können müssen, ohne die ganze

Wirtschaft mit in den Abgrund zu ziehen. Oder, nach einem Aphorismus, den der amerikanische Ökonom Allan Meltzer geprägt hat: «Kapitalismus ohne Scheitern ist wie Religion ohne Sünde – er funktioniert nicht.» Insofern ist die Finanzkrise ein großer Betriebsunfall, sie belegt aber kein Scheitern des Neoliberalismus, im Gegenteil. Politiker und Märkte haben sich als lernfähig erwiesen, was dazu führte, dass sowohl die Vereinigen Staaten als auch Deutschland einen der längsten Aufschwünge der Nachkriegsgeschichte erlebten. Besonders auffällig ist der Lerneffekt in Amerika, wo mit den beiden Finanzministern Henry Paulson und Timothy Geithner und dem Notenbankchef Ben Bernanke drei Finanzmarktprofis das Krisenmanagement in der Hand hatten. Die Bankenrettung, die dort ursprünglich 700 Milliarden Dollar gekostet hatte, endete nach sechs Jahren mit einem Gewinn für die amerikanischen Steuerzahler von 15,3 Milliarden Dollar.[41] Nur waren damit die Schäden vieler kleiner Leute und die sozialpsychologischen Folgen der Krise noch nicht geheilt. Sie entfalten ihre zerstörerische Wirkung erst heute richtig. Insofern ist der Erfolg des Krisenmanagements unvollständig geblieben.

Eine andere Gefahr für die liberale Marktordnung ist die ungezügelte Macht der Internet-Konzerne. Apple, Google, Amazon, Facebook und Microsoft haben eine Marktposition, die nur noch mit der des Ölmagnaten John D. Rockefeller Ende des 19. Jahrhunderts vergleichbar ist. Es sind Monopole, oder sie sind auf dem besten Wege, welche zu werden. Am 2. August 2018 erreichte Apple als erstes Unternehmen der Weltgeschichte einen Börsenwert von mehr als einer Billion Dollar – bis vor kurzem noch unvorstellbar. Eigentlich wäre hier ein Eingreifen der Kartellbehörden notwendig. Aber das ist nicht so einfach. Die Internet-Konzerne haben ihre Macht ja nicht mit verbotenen Mitteln erlangt, und der Staat darf nicht einfach wirtschaftlichen Erfolg bestrafen. Ein Geheimnis der Macht der Konzerne ist ein ökonomisches Phänomen, das direkt mit dem Internet zusammenhängt: Es sind die «Netzwerkeffekte». Solche Effekte treten auf bei Produkten, deren Nutzen für den einzelnen Kunden mit jedem weiteren Kunden steigt. Microsoft hat seine Marktmacht erlangt, weil es aufgrund seiner Größe weltweit Standards setzen kann. Hätte Facebook nur ein paar tausend Nutzer an amerikanischen Universitäten (wie in seinen Anfängen), dann wäre alles kaum mehr als eine nette Spielerei. Mit Milliarden Nutzern weltweit aber ist Facebook eine Macht, die die Welt verändert. Der Trend zum Monopol liegt in der Natur des Produkts. Noch gibt es keine erprobten Mittel, um mit mehr Wettbewerb die wirtschaftliche Macht von Google & Co zu zügeln. Die Menschen selbst verhalten sich dabei widersprüchlich. Einerseits posten sie privateste Dinge auf Facebook und stellen dem Unternehmen ihre gesamten persönlichen Daten zur Verfügung, andererseits fürchten sie dessen Macht. Die schiere Größe der Internet-Giganten ändert die Qualität vieler Dinge. Mit dem «Gesetz zur Verbesserung der Rechtsdurchsetzung in sozialen Netzwerken» (NetzDG) zum Beispiel verpflichtet der deutsche Gesetzgeber soziale Netzwerke (neben Facebook also YouTube und Twitter), «offensichtlich rechtswidrige Inhalte» schnell zu löschen. Auch in der analogen Welt können Zeitungen belangt werden, wenn sie Leserbriefe mit strafbarem Inhalt veröffentlichen. Aber damals brauchte es keines Gesetzes, das den Redaktionen vorgeschrieben hätte, wie sie das genau handhaben. Bei den sozialen Medien ist dies heute anders. Sie sind allgegenwärtig, was sie tun, betrifft die ganze Gesellschaft. Und es ist sehr plausibel, dass sie, aus Furcht davor, mit dem Gesetz in Konflikt zu kommen oder einen Imageschaden zu erleiden, viel zu viel löschen. «Die Bundesregierung hat mit dem NetzDG private Unternehmen zu Richtern über die Presse- und Informationsfreiheit im Netz gemacht, ohne eine öffentliche Kontrolle des Löschverfahrens sicherzustellen», erklärte die Journalistenorganisation «Reporter ohne Grenzen».[42] Es ist, als würde der Staat wirtschaftliche Macht durch politische Vorgaben noch überhöhen.

Ein weiteres Feld, auf dem sich die Menschen durch Märkte bedrückt fühlen, ist das Wohnen. In fast allen Metropolen der Welt, in New York und London, in Paris und Tokio, steigen die Mieten und Immobilienpreise ins Unermessliche. In München, der teuersten Stadt Deutschlands, zahlen viele Mieter 40 Prozent ihres Nettoeinkommens und mehr für ihre Wohnung. Das ist nicht nachhaltig. Viele geben «Spekulanten» die Schuld, die aus Profitgier die Wohnungen verteuerten. Aber spekulieren kann man nur mit etwas, was ohnehin knapp ist. Und diese Knappheit auf dem Markt für Wohnungen hat etwas mit den historisch niedrigen Zinsen zu tun, die die Bodenspekulation erleichtern. Vor allem aber ist sie Folge eines säkularen Trends – der Flucht aus dem Land in die Städte. Die Vorteile des Lebens in der Stadt, ökonomisch, kulturell, vom Lebensgefühl her, sind so groß, dass die Menschen gerne die erhöhten Ballungskosten in Kauf nehmen. Das Problem ist nur, dass die Schwächsten der Gesellschaft dabei verdrängt werden. Die deutsche Politik hat in den vergangenen Jahren versucht, die Not der Mieter dadurch zu lindern, dass die Marktkräfte eingeschränkt wurden, vor allem mittels einer Mietpreisbremse. Die Versuche sind bisher erfolglos geblieben, was nicht verwundert. Mit der Mietpreisbremse wurden nur Symptome behandelt, keine Lösungen gesucht. Es hilft nichts, Preiserhöhungen zu bekämpfen und deren Ursachen nicht zu beachten. Mieten steigen, solange die Landflucht und die Zuwanderung in die Städte anhält und das Angebot an Wohnungen nicht dramatisch steigt. Ein erhöhtes Wohngeld gehört zu den praktikablen Maßnahmen ebenso wie der Bau günstiger Wohnungen auf städtischen Grundstücken. Beides sind Subventionen für Geringverdiener, alles andere als ideale Maßnahmen, aber sie können die soziale Entmischung der Städte verlangsamen und ärmeren Einwohnern eine Perspektive geben. Möglich wäre auch die Abschaffung der Grundsteuer und deren Ersetzung durch eine Bodenwertzuwachssteuer. An der fundamentalen Knappheit von Grund und Boden können diese Subventionen nichts ändern. Auch bittere Zielkonflikte lassen sich nicht aus der Welt schaffen: die Liebenswürdigkeit eines gewachsenen Viertels gegen verdichtetes Wohnen, letzte landwirtschaftliche Flächen im Umland der Städte gegen neue Wohnsiedlungen. Werden Illusionen geweckt, so als sei das Unmögliche doch möglich und jeder könne zu bezahlbaren Mieten wohnen, wo immer er gerne möchte, dann wachsen Zynismus und Staatsverdrossenheit.

Ob unsere Kinder und spätere Generationen in Freiheit und Wohlstand leben können, hängt auch wesentlich davon ab, ob es der heutigen Generation gelingt, die Erderwärmung zu begrenzen. Der Klimawandel ist heute das zentrale Problem der Menschheit und ein Thema für die großen Vereinfacher. Viele Populisten leugnen das Phänomen einfach, weil es nicht in ihr Weltbild passt. Auf der anderen Seite des politischen Spektrums ist die Ansicht sehr populär, schuld am Klimawandel sei der Kapitalismus. Der brauche für sein Überleben Wirtschaftswachstum und produziere deshalb ohne Rücksicht auf Mensch und Natur. Autoren, die das behaupten, erzielen hohe Auflagen, etwa die Aktivistin und Publizistin Naomi Klein.[43]

Tatsächlich kennt niemand bis heute ein System, das besser geeignet wäre, globale Probleme zu lösen, als die Marktwirtschaft. Die Umweltfrevel der sozialistischen Planwirtschaften sind notorisch – von der Zerstörung des Aralsees bis zu den dreckigen Braunkohle-Kraftwerken der DDR. «Der» Kapitalismus ist weder umweltfreundlich, noch ist er das Gegenteil. Aber der Markt als Entdeckungsverfahren versetzt die Menschen in die Lage, umweltfreundlich zu handeln. Es ist ja kein Zufall, dass das Problem des Klimawandels in einer Gesellschaft mit freien Wissenschaften und freien Märkten entdeckt wurde. Seit Mitte der 1970er Jahre ist die Münchener Rückversicherung, ein ganz normales kapitalistisches Unternehmen, führend in der Erforschung des Klimawandels und möglicher Gegenmaßnahmen, und zwar durchaus im eigenen wirtschaftlichen Interesse. Rückversicherungen nehmen anderen Versicherungen Großrisiken ab. Ihre Existenz hängt davon ab, dass sie diese Risiken früh erkennen und möglichst genau bewerten.

Man muss sich für einen Augenblick vorstellen, wie es um die Klimapolitik bestellt wäre, wenn es den Kapitalismus nicht gäbe, wenn Regierungen und Expertenkommissionen alleine entscheiden würden, ohne dass Märkte einen Einfluss auf die Umsetzung der Klimapolitik hätten. Wäre der Klimawandel dann so früh entdeckt worden, und wären die wissenschaftlichen Kenntnisse so weit, wie sie es heute sind? Kaum vorstellbar. Als in den 1970er Jahren die Umweltbewegung entstand, wurden deren Erkenntnisse in der Sowjetunion und der DDR als «reaktionär», «fortschrittsfeindlich» und «Ausdruck der imperialistischen Ideologie» verdammt.[44] Märkte haben viele gute Eigenschaften: Sie machen die Suche nach Neuem möglich, sie decken Fehler auf und ermöglichen so deren Korrektur. Beide Eigenschaften sind deshalb so wichtig, weil bei einem so komplexen Phänomen wie dem Klimawandel immer wieder neue Erkenntnisse auftreten und es auch verschiedene Möglichkeiten gibt, daraus Handlungen abzuleiten. Dabei werden immer politische und wirtschaftliche Interessen berührt. Wissen ist bei einem so komplexen Phänomen wie dem Klimawandel oft nur vorläufig. Frage: Sind Elektroautos nun gut oder schlecht für das Klima? Antwort: Es kommt darauf an, woher der Strom für die Elektromotoren kommt. Ist es dann richtig, heute die komplette Mobilitätsstrategie auf Elektro umzustellen? Die Menschen wollen einfache, klare Lösungen. Daher wird auch in der Klimapolitik so viel simplifiziert.

Dabei geht es letztlich immer auch um die Freiheit in der Gesellschaft. Das Problem hat Walter Lippmann schon in den 1930er Jahren beschrieben: Wenn sich Macht und Wissenschaft verbinden und es keine Korrektur- möglichkeit gibt, entsteht ein «vorausschauender Staat», der ähnlich machtvollkommen ist wie die absolutistische Monarchie unter Ludwig XIV.[45] Die Vorstellung ist des- halb so gefährlich, weil sie einen Mythos schafft, den Mythos vom allwissenden, wissenschaftlichen Staat. In

Anlehnung an Platon schreibt Lippmann: «Die Menschen sehnten sich nach Königen, die Philosophen waren. Daher behaupteten Männer, die König werden wollten, sie seien Philosophen.» Lippmann schrieb diese Sätze in den 1930er Jahren und dachte dabei an die zerstörten Gesellschaften Europa nach dem Ersten Weltkrieg und deren Umgang mit wissenschaftlichen Erkenntnissen. Heute geht es darum, wie extrem verunsicherte Gesellschaften mit apokalyptischen Prognosen für die Welt umgehen, ohne auf sozialistische Versprechen hereinzufallen.

Tatsächlich ist effektive Klimapolitik nur auf globaler Ebene und in internationaler Kooperation möglich – was eigentlich selbsterklärend ist. Und sie funktioniert am besten in Marktwirtschaften, weil die am innovativsten sind und am besten mit Fehlern umgehen können. Den Rahmen für diese Klimapolitik gibt es seit dem 12. Dezember 2015 – das Pariser Klimaabkommen. Es ist unzureichend und muss wohl nachgebessert werden, weil es nach neuesten Erkenntnissen nicht reicht, den Anstieg der Temperaturen auf unter zwei Grad zu begrenzen. Dass die Vereinigten Staaten aus dem Abkommen ausgestiegen sind, ist schlimm, wird aber glücklicherweise dadurch relativiert, dass sich etliche von den Demokraten regierte Bundesstaaten in den USA so verhalten, als seien sie weiter Mitglieder des Abkommens.

Viele Kritiker der Marktwirtschaft glauben, der Kapitalismus sei «schuld» am Klimawandel. Wahr ist: Unter kapitalistischen Bedingungen haben die Menschen einen beispiellosen Wohlstand geschaffen und ihre Zahl von einer auf heute über sieben Milliarden Menschen erhöht. Möglich wurde das durch den massiven Einsatz fossiler Energien – Kohle, Öl und Gas. Der Sozialismus machte es ihm nach, nur eben ungleich ineffizienter. Der Preis des Wohlstands war die Anreicherung von Kohlendioxid in der Atmosphäre. Wie hoch der ist und was er für das Weltklima bedeutet, weiß man erst seit Mitte der 1970er Jahre. Die Umkehr ist ein Lernprozess, bei dem die Politik wissenschaftlich begründete Vorgaben formulieren muss. Er ist komplex, es wird Rückschläge geben. Deutschland wird das von der Bundesregierung gesteckte Ziel verfehlen, den Ausstoß an $CO_2$ bis 2020 um 40 Prozent zu senken (im Vergleich zu 1990). Grund sind das hohe Wirtschaftswachstum, die niedrigen Preise für Öl und Gas und das Wachstum der Bevölkerung. Aber der Kapitalismus lässt den Menschen eben auch die Freiheit, und er gibt ihnen den Anreiz, Methoden zu entwickeln, mit denen das Problem möglicherweise gelöst werden kann. Wer mit einem doktrinären Antikapitalismus an das Klimaproblem herangeht, wird unfähig, kritisch zu analysieren. Er macht sich zum Sklaven des heutigen Wissensstandes.

Dafür, dass Marktwirtschaften es schaffen können, globale Umweltprobleme durch politische Vorgaben zu lösen, gibt es ein prominentes Beispiel: das Ozonloch. In den 1970er Jahren wurde entdeckt, dass Fluorchlorkohlenwasserstoffe (FCKW), die in Sprays und Kühlmitteln für Kühlschränke und Gefriertruhen verwendet wurden, die Ozonschicht in der Atmosphäre zerstören; sie schützt die Erde vor ultravioletter Strahlung aus dem Weltall. Am 16. September 1987 kamen die Vertreter von 197 Staaten überein, FCKW und andere Klimagifte zu verbieten. In der Folge hat sich die Ozonschicht schon wieder so weit erholt, dass einige Wissenschaftler das Problem als gelöst ansehen.

Der Umgang der Staatengemeinschaft mit dem Ozonloch zeigt: Demokratie, Marktwirtschaft, Wirtschaftswachstum und internationale Zusammenarbeit können auch globale ökologische Probleme lösen. Alle Überlegungen in Teilen der Umweltbewegung, für den Schutz des Klimas und der natürlichen Ressourcen sei eine Art Sozialismus oder gar eine Ökodiktatur nötig, haben keine Grundlage. Das Gegenteil ist richtig. Die persönliche Freiheit ist der Schlüssel zu allem.

# KAPITEL 4

# GERECHTIGKEIT

### Die Denunziation des
### Erreichten

Im August 2018 wollte das Meinungsforschungsinstitut Infratest dimap im Auftrag des Norddeutschen Rundfunks wissen, ob Deutschland nach Meinung seiner Bürger ein gerechtes Land ist.[46] Knapp die Hälfte der Befragten (46 Prozent) meinte, es gehe «eher ungerecht» zu. Und das in einem der reichsten Länder der Welt, einem Land überdies, das gerade dabei war, Vollbeschäftigung zu erreichen. Angesichts der Stimmung in Deutschland, der Erosion der Volksparteien und des Aufstiegs des Populismus ist es allerdings fast schon erstaunlich, dass nur 46 Prozent glauben, in einer ungerechten Republik zu leben. Die Klage über wachsende Ungleichheit, über «soziale Kälte» und den Mangel an sozialer Gerechtigkeit ist – vielleicht nach der Flüchtlingsfrage und dem Aufstieg der AfD – das wichtigste Thema der öffentlichen Debatte. Und der Grundton der Debatte wird zusehends alarmistischer. «Niemand, der mit offenen Augen durch die Lande geht, wird abstreiten können, dass Deutschland gerade dabei ist, sich selbst zu zerlegen», schreibt der Hauptgeschäftsführer des Paritätischen Wohlfahrtsverbandes Ulrich Schneider in der Einleitung zu seinem neuen Buch. «Der Glaube an den wenigstens bescheidenen Wohlstand für alle, der unsere Republik so lange zusam-

mengehalten hat, ist zunehmend passé.»[47] Die Fraktions-
chefin der Linken im Bundestag, Sahra Wagenknecht,
versucht mit «Aufstehen» eine «Sammlungsbewegung
für Gerechtigkeit und sozialen Zusammenhalt» in Gang
zu setzen. «Es geht nicht fair zu. Nicht in unserem Land,
nicht in Europa und auch nicht auf der großen Bühne der
Weltpolitik. [...] Profit triumphiert über Gemeinwohl,
Gewalt über Völkerrecht, Geld über Demokratie, Ver-
schleiß über umweltbewusstes Wirtschaften», heißt es im
Gründungsaufruf.[48]

Die SPD bestritt ihren Bundestagswahlkampf 2017 mit
Martin Schulz und dem Slogan «Mehr Zeit für Gerechtigkeit» – so als habe die Partei nicht in den vier Jahren
zuvor in der Großen Koalition mitregiert und genügend
Zeit gehabt, ihre eigenen Vorstellungen umzusetzen. Ein
«Niedergangsdiskurs» habe das Land erfasst, schreibt der
ehemalige Generalsekretär des Deutschen Caritasverban-
des Georg Cremer.[49] Der Satz, wonach «die Reichen immer reicher und die Armen immer zahlreicher werden»
(so der Armutsforscher Christoph Butterwegge), wird
ungeprüft wiederholt, immer und immer wieder. Wenn
einem die Soziale Marktwirtschaft und die offene und
liberale Wirtschafts- und Gesellschaftsordnung Deutschlands wichtig ist, dann muss man den Ursachen für diesen Niedergangsdiskurs auf den Grund gehen, man muss
soziale Probleme benennen, aber auch warnen. Dort
nämlich, wo der Diskurs zur Propaganda und zur Gefahr
für die Freiheit wird.

«Soziale Gerechtigkeit» ist ein schöner Begriff, er lässt
einen an Ideale wie Fairness und Gemeinschaft denken.
Das Problem liegt darin, dass es sehr schwerfällt, genau
zu definieren, wann ein Zustand sozial gerecht ist, schwe-

rer jedenfalls, als Zustände als sozial ungerecht zu brandmarken. Gerade diese Unschärfe macht die Forderung nach sozialer Gerechtigkeit zu einem idealen Instrument für Demagogen. Über «Gerechtigkeit» ohne das Adjektiv «sozial» kann man rational diskutieren. Im heutigen Verständnis bedeutet Gerechtigkeit zum Beispiel Gleichheit vor dem Gesetz, in früheren Zeiten ging es oft einfach nur um Gesetzestreue. Gott rettete Noah und seine Familie bei der Sintflut, weil er ihn als «gerecht» erkannt hatte (1. Mose 7,1). Das bedeutete einfach: Noah hatte die Gebote Gottes eingehalten. Als Jesus sagte, im Himmelreich herrsche «mehr Freude über einen Sünder, der Buße tut, als über neunundneunzig Gerechte» (Lukas 14,7), meinte er genau dies: Die 99 Gerechten waren Gesetzestreue. Im Mittelalter forderte Thomas von Aquin, dass ein gerechter Lohn nach dem «Stand», also der sozialen Stellung des Entlohnten, gezahlt werden müsse. Als dann im 19. Jahrhundert das Adjektiv «sozial» der Gerechtigkeit vorangestellt wurde, geschah dies mit durchaus reaktionärer Intention. Die konservativen italienischen Theologen Luigi Taparelli und Antonio Rosmini, die den Begriff der *sozialen* Gerechtigkeit erfanden, wollten, dass jeder das bekam, was ihm «zustand». Heute wird soziale Gerechtigkeit allgemein egalitär gebraucht, ohne dass das näher spezifiziert wird. Ist ein Zustand vorstellbar, der gerecht, aber sozial ungerecht ist?

Ungerecht ist es, wenn jemand vor Gericht, vor Behörden oder in Unternehmen schlechter behandelt wird, weil er eine dunkle Hautfarbe hat, weil er homosexuell ist oder sich wegen seiner geringen Bildung nicht richtig ausdrücken kann. Wenn der Begriff aber verschwimmt, wird es gefährlich für die Demokratie. Walter Lippmann beschrieb das Problem in der aufgeheizten Atmosphäre der 1930er Jahre so: Von «Gerechtigkeit» zu reden sei angemessen, wenn es um den fairen Ausgleich der konkreten, «wahrnehmbaren Interessen» von Individuen gehe. Man könnte auch sagen: Gerechtigkeit leitet sich aus dem Gebot ab, dass vor dem Gesetz alle gleich sind. Gerechtigkeit aber als Zweck der Gesellschaft zu definieren, bedeute, «sich in der leeren Luft zu bewegen und einen kollektiven Wahn zu fördern, in dem, mangels rationaler Kriterien, die dunkelsten und primitivsten Begierden aufgewühlt werden».[50] Es ist, als hätte Lippmann über das heutige Deutschland geschrieben: Die Debatte über soziale Gerechtigkeit bewegt sich im leeren Raum, und sie nährt dunkle Kräfte in der Gesellschaft.

Milton Friedman, der neoliberale Wirtschaftswissenschaftler von der Universität Chicago, hat den Mechanismus beschrieben, den das Bemühen um soziale Gerechtigkeit auslöst. Es habe sich gezeigt, «dass es unmöglich ist, die einzelnen relevanten Gruppen davon zu überzeugen, dass sie ‹gerecht› behandelt werden. Im Gegenteil, die Unzufriedenheit hat sich mit jedem Versuch, die Gleichheit des Ergebnisses (wirtschaftlicher Tätigkeit) herbeizuführen, gesteigert.»[51] Irgendeine unerfüllbare Forderung gibt es immer. Deshalb führen Links- und Rechtspopulismus so oft zur Überforderung der Staatsfinanzen. Auf besonders bizarre Weise zeigt dies die italienische Regierung aus Linkspopulisten und Rechtsextremisten, die im Juni 2018 ins Amt kam. Das Kabinett Giuseppe Conte beschloss ein Grundeinkommen für Arbeitslose (eine linke Forderung) und gleichzeitig kräftige Steuersenkungen (eine rechte Forderung), beides zusammen wird das Defizit im italienischen Staatshaushalt von geplanten 0,8 auf über zwei Prozent steigern. Da die Republik Italien ohnehin inzwischen auf einem Schuldenberg von 131 Prozent des Bruttoinlandsprodukts sitzt, verstößt der Haushalt eklatant gegen die Haushaltsregeln für die Euro-Zone, weshalb er von der Europäischen Kommission in Brüssel zunächst einmal abgelehnt wurde. Dies wiederum gab der Regierung die Chance, sich als Kämpfer für die Freiheit Italiens gegen die Brüsseler Bürokratie feiern zu lassen. Sicher ist: Italiens Staatshaushalt wird Europa noch lange beschäftigen, besonders wenn die Konjunktur schlechter werden sollte.

Deutschland hat heute kein Staatsschuldenproblem, seit 2012 schließt der Bundeshaushalt mit einem Überschuss ab. Das ist politisch so gewollt; eine große Mehrheit im Bundestag beschloss 2009, ins Grundgesetz eine «Schuldenbremse» aufzunehmen. Danach sollen die Länder in normalen Zeiten überhaupt keine Schulden mehr aufnehmen, die Neuverschuldung des Bundes wird streng begrenzt. Absicht ist es, die Staatsfinanzen für die Zeit nach 2030 vorzubereiten, in der die Folgen des demographischen Wandels aufgefangen werden müssen. Weil wir aber jetzt leben und das Ziel der sozialen Gerechtigkeit seiner Natur nach ohne Grenzen ist, wird die öffentliche Debatte überladen mit Ideen, was man alles machen könnte, wenn man die «Schwarze Null» aufgäbe: kostenfreie Kitas, höhere Renten, bessere Schulen, mehr und besser bezahlte Pfleger, höhere Hartz-IV-Sätze und anderes. Hinter jeder Forderung steht ein Problem, das ernst zu nehmen ist (einige von diesen kommen im 6. Kapitel noch zur Sprache), doch so alarmistisch, wie über die Themen gestritten wird, entsteht der Eindruck, die «Schwarze Null» sei nur ein weiteres Mittel, mit dem die Reichen und / oder die Neoliberalen verhindern, dass vom Reichtum dieses Landes bei den kleinen Leuten etwas ankommt. Die «Schwarze Null», also der weitgehende Verzicht des Staates auf neue Schulden in guten Jahren, ist ein Beispiel dafür, wie verquer die Debatte um Gerechtigkeit geführt wird. Man muss nicht alle Entscheidungen gutheißen, die im Namen des ausgeglichenen Haushalts getroffen werden. Klar aber ist, dass es eine Sache der Generationengerechtigkeit ist, den heute Jungen, die unter schwierigen demographischen Bedingungen werden leben und arbeiten müssen, Haushaltsspielräume zu schaffen. Ungerecht wäre es, der nächsten Generation einen hohen Schuldendienst zu hinterlassen. Und dann gibt es noch diesen Vorwurf: «Die herrschende Klasse versucht, sich den mit technologischen Umwälzungen weiter wachsenden Reichtum als Zuwachs ihres privaten Vermögens und ihrer Macht anzueignen», heißt es im Grundsatzprogramm der Linkspartei von 2011. Wer genau dieser «herrschenden Klasse» angehört, weiß man nicht, dafür fällt die Anklage gegen den Kapitalismus umso bombastischer aus.

Es ist Zeit, sich diese Anklage genauer anzusehen. Wird die soziale Kluft wirklich immer größer? Deutschland hat in den vergangenen 30 Jahren dramatische Veränderungen erlebt: den Beginn der Globalisierung, die Wiedervereinigung, die Digitalisierung. Die Globalisierung führte weltweit zu weniger Ungleichheit *zwischen* den Ländern, aber zu mehr Ungleichheit *innerhalb* vieler Länder, zum Beispiel in den Vereinigten Staaten und in China. Auch in Europa und in Deutschland stieg die Ungleichheit, die Zunahme blieb aber vergleichsweise moderat.[52] Genaueres erfährt man auch in einer viel zitierten

Studie aus dem Jahr 2017.[53] Danach haben die unteren 40 Prozent der Bevölkerung seit der Wiedervereinigung 1990 ihr Einkommen als Gruppe überhaupt nicht steigern können, die oberen 60 Prozent verdienten dagegen 16 Prozent mehr. Schaut man noch genauer hin, dann zeigt sich, dass die obersten zehn Prozent sogar 27 Prozent mehr bekamen, die unteren zehn Prozent dagegen neun Prozent weniger. Die Ergebnisse entstammen dem Sozio-Ökonomischen Panel (SOEP), einer sehr verlässlichen Quelle für Bevölkerungs- und Wirtschaftsstatistik. Es gibt wenig Anlass, an ihnen zu zweifeln. Man muss sich aber den Kontext genau ansehen. Ein wesentlicher Faktor zum Beispiel, den die öffentliche Debatte völlig ausspart: 40 Prozent der Bevölkerung im untersten Fünftel der Einkommensverteilung haben heute einen Migrationshintergrund.[54] Das spiegelt sich richtigerweise auch in den Stichproben, die die Statistiker des SOEP nehmen. Nur muss man dies in Rechnung stellen, wenn man über die Entwicklung von Armut und Reichtum spricht. Ohne den Faktor Migration wären die Einkommen der unteren 40 Prozent um acht Prozent gestiegen. Keine Frage, das ist immer noch sehr wenig für einen Zeitraum von einem Vierteljahrhundert. Aber es passt eben auch nicht zu der Aussage, dass bei der unteren Hälfte der Gesellschaft vom Reichtum Deutschlands nichts ankommt. Und die Tatsache, dass in der Gruppe mit dem geringsten Einkommen so viele Migranten sind, ist kein Skandal, sondern liegt in der Logik eines Einwanderungslandes. Die Migranten waren in ihrer Heimat nach deutschen Maßstäben arm, wenn nicht bettelarm, und sie kamen nach Deutschland, um dies zu ändern. Einwanderung aus armen Ländern ist ohne diesen statistischen Effekt nicht zu haben. Praktisch äußert sich das zum Beispiel darin, dass der Anteil von Migranten an den Besuchern von «Tafeln», die billiges Essen an Bedürftige ausgeben, nach der Flüchtlingswelle vom Herbst 2015 dramatisch stieg. Die Öffentlichkeit nahm von der Entwicklung erst Notiz, als die Essener Tafel im Februar 2018 eine Zeitlang nur noch neue Kunden mit deutschem Personalausweis annahm, nachdem der Anteil der Ausländer auf über 75 Prozent gestiegen war.[55]

Ein gutes Mittel, um Gleichheit und Ungleichheit in einer Gesellschaft zu messen, hat der italienische Statistiker und Soziologe Corrado Gini in den 1920er Jahren erfunden. Gini war Mitglied der faschistischen Partei Mussolinis und schrieb ein Buch über die «Wissenschaftlichen Grundlagen des Faschismus». Aber er hinterließ der Wissenschaft, allen Verirrungen zum Trotz, auch den «Gini-Koeffizienten», ein hervorragendes Maß für soziale Ungleichheit. In einer Gesellschaft, in der alle gleich viel verdienen, liegt der Gini-Koeffizient bei null, gäbe es ein Land, in dem ein Mensch alles besitzt, wäre der Gini dort eins. In Deutschland ist der Gini-Koeffizient der Einkommen seit Mitte der 1990er Jahre deutlich gestiegen, von 0,256 (1995) auf 0,289 (2005). Seither stagniert der Koeffizient mit geringen Schwankungen. Georg Cremer schreibt: «Die Einkommensschere hat sich geöffnet, aber sie öffnet sich nicht immer weiter.»[56] Auch das passt nicht zum Bild von der stetig größer werdenden sozialen Kluft.

Anders sieht das Bild bei den Vermögen aus, also den Beträgen, die auf Sparkonten liegen oder in Häusern, Aktien oder anderen Anlageform stecken. Sie sind in Deutschland im internationalen Vergleich sehr ungleich verteilt. Unter den Industrieländern sind die Unterschiede zwischen oben und unten nur in den Vereinigten Staaten und in der Schweiz größer.[57] Der Gini-Koeffizient der Vermögen liegt bei 0,76, verglichen mit einem Wert von 0,63 im Euro-Raum. Den vermögendsten zehn Prozent der Bevölkerung gehören fast 60 Prozent des Nettovermögens in Deutschland. Zu eindeutigen Ergebnissen kommt eine Untersuchung der EZB[58]: Danach lag das Medianvermögen in Deutschland mit 61 000 Euro sogar unter dem Griechenlands (65 000 Euro). Italien weist einen Wert von 146 000 Euro aus. Das Medianvermögen ist das Vermögen eines Haushalts in der Mitte der Verteilung: Die Zahl jener Haushalte, die über mehr, und jener, die über weniger verfügen, ist genau gleich. Wenn das Medianvermögen sehr niedrig ist, bedeutet das in der Konsequenz, dass breite Schichten der Bevölkerung nur über wenig Eigentum verfügen.

Aber bedeutet das, dass «zwei Drittel der Bevölkerung fast gar nichts» besitzen, wie einmal die Hans-Böckler-Stiftung der Gewerkschaften behauptete?[59] Und warum hat ausgerechnet das reiche Deutschland so große Unterschiede zwischen großen und kleinen Vermögen? Dafür gibt es zwei entscheidende Gründe: den Wohnungsmarkt und die Rente. Das Vermögen kleiner Leute besteht überall auf der Welt meist aus dem eigenen Haus. In Deutschland leben aber nur 44 Prozent der Haushalte in der eigenen Wohnung oder dem Eigenheim.[60] In Griechenland sind es 72 Prozent, in Spanien 83 Prozent, in der postkommunistischen Slowakei sogar 85 Prozent. Die Unterschiede zwischen den europäischen Ländern erklären sich aus historischen, kulturellen, wirtschaftlichen und politischen Gründen. So leben in einer Agrargesellschaft, wie sie in weiten Teilen Griechenlands noch vorherrscht, die meisten Familien traditionell in eigenen Häusern. Deutschland hat aber schon lange aufgehört, eine Agrargesellschaft zu sein. Der soziale Wohnungsbau und andere Maßnahmen für den Mietwohnungsbau spielen eine Rolle, ebenso wie sozialpsychologische Faktoren. Interessanterweise haben Länder mit ähnlicher Wirtschaftsstruktur und Kultur wie Deutschland ähnlich niedrige Wohneigentumsquoten: Österreich 48 Prozent, die Schweiz sogar nur 38 Prozent.[61]

Und dann die Rente. Dabei geht es um eine sehr grundsätzliche Frage: Wozu ist eigentlich Vermögen da? Einige Menschen wollen von den Erträgen ihres Vermögens leben, viele wollen ihren Kindern etwas vererben, die meisten aber wollen ihr Alter absichern. In Deutschland sind die mit großem Abstand wichtigsten Formen der Alterssicherung für Arbeitnehmer die Gesetzliche Rentenversicherung und die staatlichen Beamtenpensionen. Die deutsche Rente aber ist ein Umlagesystem. Jeder Arbeitnehmer sammelt, wenn er einzahlt, Rentenansprüche, nur eben kein Kapital. Die Renten von heute werden direkt von der heute aktiven Generation finanziert. Das bedeutet allerdings auch, dass Rentenansprüche nicht als Vermögen gezählt werden (das Bundesverfassungsgericht bezeichnet sie als «eigentumsähnlich», was etwas anderes ist), obwohl sie für die Besitzer dieser Ansprüche genau die gleiche Funktion haben wie Vermögen. Würde man dies ändern und sowohl Renten- als auch Pensionsansprüche als Vermögen rechnen, läge der Gini-Koeffizient Deutschlands nicht bei 0,78, sondern bei 0,59 und damit im internationalen Mittelfeld.[62] Dabei ist es durchaus sinnvoll, Renten- und Pensionsansprüche in der Statistik nicht wie normales Vermögen zu behandeln. Man kann diese Ansprüche schließlich nicht verkaufen, um vom Erlös etwa eine Immobilie fürs Alter zu erwerben. Warum der jetzige Zustand auch nach den Kriterien einer liberalen Wirtschaftsordnung nicht ideal ist, wird im 6. Kapitel behandelt. Aber wenn man über soziale Gerechtigkeit und Vermögensverteilung redet, darf man diesen Aspekt nicht auslassen.

Es geht dabei auch um die Frage, wie eine Gesellschaft mit Vermögen an sich umgeht. Was ist wichtiger: dass Geringverdiener mehr Vermögen bilden können oder dass die Reichen weniger davon haben? Ist es wirklich sinnvoll, die Vermögensteuer, ein sehr ineffizientes Steuerformat, wieder einzuführen, nur um den Steueranteil der Reichen zu erhöhen? Ist es ein Schaden für die Gesellschaft, dass die Quandt-Erben Susanne Klatten und Stefan Quandt über Vermögen von 20 und 17 Milliarden Euro verfügen und damit zu den reichsten Deutschen überhaupt gehören? Oder ist es ein Glück, dass Familienaktionäre wie die Quandt-Erben als stabile Anteilseigner in großen Unternehmen sitzen und unter anderem dafür sorgen, dass BMW ein vergleichsweise gut geführtes Unternehmen ist?

In diesem Zusammenhang ist auch über Armut zu reden. In Deutschland gibt es Armut, und es gibt Menschen in Not. Besonders bedrückend ist die Kinderarmut, von der, je nach Schätzung, zwischen drei und 4,4 Millionen Jungen und Mädchen betroffen sind. Aber ehe man diese Not der Gesellschaft, dem Kapitalismus oder dem Neoliberalismus anlastet, muss man sich auch hier mit der Statistik befassen. In Deutschland gilt, wie in der gesamten EU, jemand dann als «armutsgefährdet», wenn er weniger als 60 Prozent des mittleren Einkommens bezieht. Dieser «relative» Armutsbegriff hat den großen Vorteil, dass er den gesellschaftlichen Bezug berücksichtigt. Freiheit von Armut bedeutet eben nicht nur, dass man ein Dach über dem Kopf, Kleider und ausreichend zu essen hat. Schon Adam Smith wusste das: «Unter lebenswichtigen Gütern verstehe ich aber nicht nur Dinge, die von Natur aus zum Leben notwendig sind, sondern auch solche, welche die unterste Schicht der Bevölkerung aufgrund üblicher Regeln der Schicklichkeit einfach benötigt», schreibt er in *Wohlstand der Nationen*.[63] Smith nennt das Leinenhemd, das dem Tagelöhner zusteht, auch wenn er es nicht zum Überleben braucht. Heute sind es Kinokarten, Fernsehen, Kühlschrank oder ein Handy-Vertrag. Der Nachteil der Definition ist, dass sie unscharf bleiben muss (wo hört Armutsgefährdung auf, wo beginnt Armut?) und dass sie oft in die Irre führt. Wenn die Löhne in einem großen Teil der Wirtschaft stark steigen, steigt auch der Anteil der Armutsgefährdeten in der Statistik, ohne dass sich an deren Lage irgendetwas geändert hätte. Das ist die Logik von Prozentzahlen. Unredlich ist es, Berichte über die relative Armut mit Bildern von Bettlern und Obdachlosen zu illustrieren.

In Deutschland lag die Schwelle zur Armutsgefährdung bei 1064 Euro für eine alleinlebende Person und bei einer Familie mit Kindern bei 2234 Euro. Nach diesem Maß waren 2016 19,7 Prozent (in der EU 23,5 Prozent) der Menschen armutsgefährdet.[64] Auch diese Zahlen sind nicht zu verstehen, wenn man nicht die Migration berücksichtigt. Bei Deutschen ohne Migrationshintergrund liegt die Armutsquote seit 2010 konstant bei zwölf Prozent. Bei Menschen mit Migrationshintergrund sind es

28 Prozent, bei Flüchtlingen aus Irak und Syrien 70 beziehungsweise 80 Prozent. Diese Zahlen sind kein Skandal und keine Schande, sondern «die statistische Folge der Bereitschaft, Flüchtlinge aufzunehmen».[65] Ähnlich ist es auch mit der schnell steigenden Zahl von Obdachlosen in Deutschland und den oft schockierenden Bildern, die sie liefern. In Berlin leben nach groben Schätzungen mittlerweile zwischen 4000 und 10 000 Obdachlose, weit über die Hälfte davon kommen aus EU-Ländern in Osteuropa.[66] Es gibt Armut in Deutschland, wie in anderen europäischen Ländern auch. Ihre Dynamik, über die so viel berichtet wird, kommt von gesellschaftlichen Veränderungen, vor allem der Migration, aber auch der Zunahme der Zahl alleinerziehender Mütter und Väter. Es gibt zudem Anzeichen dafür, dass sich Armut verfestigt, dass also Arme länger arm bleiben und die soziale Mobilität gesunken ist.[67] Das deutet unter anderem darauf hin, dass das Bildungssystem neuen Problemen weniger gewachsen ist als früher. Es bedeutet jedoch nicht, dass Deutschland unsozial geworden ist.

Aber was ist mit dem «Sozialabbau», den die Neoliberalen angeblich der Gesellschaft aufgezwungen haben? Nach der Wiedervereinigung habe ein «eiskalter Wind» begonnen, «bis in die letzte Ritze des Landes hineinzupfeifen», schreibt Ulrich Schneider.[68] Fast alle Parteien hätten begonnen, «unseren Sozialstaat bundesrepublikanischer Prägung zu schleifen». Tatsache ist, und dies wird viele überraschen: Dieser Sozialabbau hat nie stattgefunden. Im Gegenteil, der Sozialstaat wird in Deutschland nicht ab-, sondern weiter ausgebaut. Das lässt sich ablesen an der Sozialleistungsquote, also dem Anteil der Sozialleistungen am Bruttoinlandsprodukt. Im Jahr 1974 lag die Quote bei 23,5 Prozent, 2000 bei 28 Prozent, 2017 bei 29,6 Prozent.[69] Viele Beispiele gibt es, die diesen Ausbau des Sozialstaates im Alltag belegen. Die Einführung der solidarischen Pflegeversicherung 1995, die Aufnahme der früheren DDR-Bürger in das westdeutsche Rentensystem, die Einführung der Ökosteuer, deren Aufkommen der Finanzierung des Sozialsystems dient. In den vergangenen Jahren hat die Koalition aus CDU/CSU und SPD unter anderem den Mindestlohn eingeführt, die Leistungen der Rentenversicherung für Mütter ausgebaut und den staatlichen Unterhaltsvorschuss für Alleinerziehende, bei denen der Unterhaltspflichtige nicht zahlen will, erweitert. Der Vorschuss wird jetzt bis zum 18. Lebensjahr des Kindes geleistet. Während der Regierungszeit der zweiten Großen Koalition unter Angela Merkel stiegen die Sozialausgaben kontinuierlich von 145 (2013) auf 170 Milliarden Euro (2017). Der Haushalt des Arbeits- und Sozialministeriums macht 40 Prozent der Gesamtausgaben des Bundes aus. Aber alle diese Erweiterungen des Sozialstaats haben der mitregierenden SPD bei der Bundestagswahl 2017 nichts genützt. Sie verlor massiv Stimmen, unter anderem an Linke und AfD. In der Öffentlichkeit ging die Kampagne gegen den vermeintlichen Sozialabbau weiter – ein weiterer Beleg dafür, wie recht Milton Friedman hatte mit seiner Einschätzung, dass mehr Sozialstaat nicht unbedingt zu mehr Zufriedenheit führt. Die SPD versucht, sich an die Spitze der Bewegung zu setzen und ihr linkes Profil zu schärfen, bisher vergeblich. Die Macht des Niedergangsdiskurses ist stärker.

Ein wichtiger Teil der Geschichte vom Sozialabbau ist die Kampagne gegen die «Agenda 2010» der rot-grünen

Regierung von Gerhard Schröder, die in den Jahren 2003 bis 2005 umgesetzt wurde. Die Agenda gilt vielen als Inbegriff der sozialen Ungerechtigkeit, sie hat die SPD-Basis ins Mark getroffen und den jahrelangen Niedergang der Partei wenn nicht eingeleitet, so doch beschleunigt. Die Agenda bestand im Kern aus zwei Elementen: Die bisherige Arbeitslosenhilfe für Langzeitarbeitslose und die kommunale Sozialhilfe wurden zusammengelegt und durch das Arbeitslosengeld II (Hartz IV) ersetzt. Unter dem Stichwort «Fördern und Fordern» werden Hartz-IV-Empfänger gedrängt, jeden verfügbaren Job anzunehmen, auch wenn er schlechter bezahlt ist als der frühere. Außerdem sah die Agenda Maßnahmen zur Flexibilisierung des Arbeitsmarktes vor («Minijobs») und einen «Nachhaltigkeitsfaktor» in der Rentenversicherung, um die Rentenfinanzen unter Kontrolle zu bringen.

Aus heutiger Sicht ist manches an den damaligen Reformen seinerseits reformbedürftig, sicher aber ist auch, dass die Schreckensszenarien, die die Kritiker der Agenda seinerzeit entwarfen, nicht eingetreten sind. Die Arbeitslosen sind eben nicht massenhaft in prekärer Beschäftigung gelandet, viele konnten stattdessen von der guten Konjunktur und dem Boom auf dem deutschen Arbeitsmarkt profitieren. Die Zahl der sozialversicherungspflichtig Beschäftigten lag im Oktober 2018 bei 33,5 Millionen und damit so hoch wie seit der Wiedervereinigung nicht mehr.[70] Im Jahr 2003, also bevor die Agenda umgesetzt wurde, waren es 27 Millionen.[71] In weiten Teilen des Arbeitsmarktes herrscht heute Vollbeschäftigung – auch das gehört zum sozialen Deutschland.

Richtig ist, dass die Agenda 2010 in weiten Teilen modernen liberalen Idealen entsprach. Sie stärkte die Eigeninitiative, machte den Sozialstaat treffsicherer und half, die Langzeitarbeitslosigkeit zu verringern.

Die Agenda 2010 zeigt, dass der liberale Sozialstaat – anders als gemeinhin unterstellt – durchaus eine politische Option ist. Die Tradition mag unterentwickelt und im Alltag oft verschüttet worden sein. Aber selbst der radikalliberale Hayek räumte ein: «Die Aufrechterhaltung des Wettbewerbs ist sehr wohl auch mit einem ausgedehnten System der Sozialfürsorge vereinbar – solange dieses so organisiert ist, dass es den Wettbewerb nicht weitgehend lahmlegt.»[72] Später hat sich Hayek auch anders geäußert. Was aber alle Liberale kennzeichnet, ist eine große Skepsis gegenüber jedem unkonditionierten Ausbau von Sozialleistungen. Aus ihr spricht die – durch die Geschichte sehr gut begründete – Furcht davor, den Staat zu überfordern und dabei auch noch die einzelnen Bürger zu entmündigen. Das liberale Ideal des Sozialstaats besteht darin, jedem Bürger ein freies und selbstbestimmtes Leben zu ermöglichen. Der Staat soll den Bürgern die Verantwortung für ihr Leben nicht abnehmen. Selbstverantwortung heißt konkret: Wer arbeitslos ist und längere Zeit keinen Job findet, der hat Anspruch auf die Solidarität der Gesellschaft. Die Gesellschaft hat aber auch Anspruch darauf, dass er alles unternimmt, um baldmöglichst wieder auf eigenen Füßen zu stehen und eigenverantwortlich handeln zu können. Das ist die Logik hinter der Agenda 2010. Und dies hat durchaus Tradition. Im Godesberger Programm der SPD von 1959 heißt es: «Das System sozialer Sicherung muss der Würde selbstverantwortlicher Menschen entsprechen.»[73] Otto Schlecht, der langjährige Staatssekretär im Bonner Wirtschaftsministerium und Mitarbeiter Ludwig Erhards, formulierte es so: «Ethisch geboten ist eben nicht der Ausbau des Sozialsystems um jeden Preis, ethisch geboten ist vielmehr, einen Ausgleich zwischen den Ansprüchen an unser Sozialsystem und den Möglichkeiten seiner Finanzierung in sozialer Verantwortung zu finden. Dabei müssen Selbstverantwortung, Eigeninitiative und Eigenvorsorge im Bewusstsein wie im tatsächlichen Handeln als Aufgabe des einzelnen Bürgers deutlich sichtbar bleiben.»[74]

Das Verständnis dafür ist in der deutschen Gesellschaft verloren gegangen. Die maßlose Kampagne gegen den «Sozialabbau», der nie stattgefunden hat, spiegelt ein ganz anderes Gesellschaftsideal, das eines umfassenden Versorgungsstaates, der für alles und jedes verantwortlich ist. Und alles, was von diesem Ideal abweicht, die Berufung auf die Verantwortung des Einzelnen etwa, gilt dann als «sozial ungerecht». Ein Bild von diesem maßlosen Anspruch kann sich machen, wer das Programm der Linkspartei für die zurückliegende Bundestagswahl liest. Das Arbeitslosengeld soll länger gezahlt, Hartz IV abgeschafft werden; dafür gibt es eine «Mindestsicherung», die uneingeschränkt auch dann gezahlt wird, wenn sich der Empfänger nicht um einen neuen Job bemüht. Das Rentenniveau soll steigen, es gibt eine Mindestrente, und alles wird durch höhere Beiträge der Gutverdienenden und des Staates finanziert. Das gehört zu dem «demokratischen, ökologischen, feministischen und lustvollen Sozialismus», den die Partei nach eigenem Bekunden anstrebt.[75] Noch sind dies Extrempositionen, aber die Stimmung im Land geht in diese Richtung. «Seit den Neunzigern hat es kaum noch sozialen Fortschritt gegeben», schreibt der Schriftsteller Leander Scholz.[76] Die

Tatsache, dass Deutschland fast Vollbeschäftigung und eine Reihe neuer Sozialleistungen eingeführt hat, spielt keine Rolle mehr, entscheidend ist, dass der Weg in den Versorgungsstaat nicht genügend weit gegangen wurde. Könnte es sein, dass sich in der fehlenden Würdigung des Erreichten auch die Verachtung spiegelt, mit der viele Rechte und Linke dem demokratischen Staat begegnen und die in der Mitte widerspruchslos hingenommen wird? Ein Staat, den man nicht achtet, kann man ohne schlechtes Gewissen ausbeuten.

Wie der liberale Konsens über die Soziale Marktwirtschaft verloren ging und warum sich das Gefühl breitmachte, im Land finde seit Jahrzehnten ein ständiger Sozialabbau statt, darüber lässt sich lange streiten. Eine Rolle spielte sicher, dass der Ausbau des westdeutschen Sozialstaates in den 1950er, 1960er und Anfang der 1970er Jahre unter historisch einmalig günstigen Bedingungen stattfand: Die Wirtschaft wuchs im Nachkriegsaufschwung mit ungewöhnlich hohen Raten. Die Bundesrepublik erlebte wie andere westliche Länder auch einen Babyboom. Die große Generation der Babyboomer hatte, als sie ins Berufsleben trat, keine Schwierigkeit, der durch den Krieg dezimierten Generation ihrer Eltern eine auskömmliche Rente zu finanzieren. Das Bild änderte sich in der Folge radikal. Schon in der ersten schweren Rezession der Bundesrepublik 1974/75 stieß der Ausbau des Sozialstaats an seine Grenzen, der demographische Wandel – die Jungen hatten viel weniger Kinder als ihre Eltern – machte schmerzhafte Reformen im Rentensystem unabweisbar. Das wird in der Nachschau von vielen als «neoliberale Wende» gewertet. Und die zunehmende Öffnung der Grenzen, die Globalisierung, mehrte zwar den

Wohlstand, sie machte den Menschen aber auch Angst. Viele empfinden den Wettbewerb über die Grenzen hinweg, das Denken in «Industriestandorten» und andere Veränderungen als Ausdruck «sozialer Kälte». Sie sehnen sich nach einer Zeit ohne Veränderung, nach irgendeiner Form des Sozialismus.

Die extremste Form dieser Sehnsucht ist die Kampagne für das bedingungslose Grundeinkommen. Es würde die Menschen tatsächlich zu Untertanen eines Versorgungsstaates machen. Das Konzept ist eine Gefahr für Freiheit und Demokratie, die man nicht unterschätzen sollte. Die Motive der Aktivisten für ein Grundeinkommen – Unterstützer sind der Schweizer Ökonom Thomas Straubhaar ebenso wie der anthroposophische Unternehmer Götz Werner, der konservative Soziologe Charles Murray wie der anarchistische Ethnologe David Graeber – sind durchweg ehrenwert. Die einen wollen für den Fall vorsorgen, dass die Digitalisierung massenhaft Arbeitsplätze vernichtet, andere wollen die Sozialbürokratie einsparen, die meisten aber hoffen auf ein neues Reich der Freiheit, in dem die Menschen nicht mehr dem Konkurrenzdruck ausgesetzt sind; in dem sie arbeiten können, aber nicht müssen; in dem man, wenn es einem danach ist, Gedichte schreibt, statt ins Büro zu gehen. Denn jeder bekommt von der Regierung ohne Ansehen einen festen Betrag – zum Beispiel 1000 Euro im Monat. Finanziert wird das Einkommen durch eine umfassende Steuer, zum Beispiel auf den privaten Verbrauch.[77]

Das Problem ist: Das Reich der Freiheit, von dem die Anhänger des Grundeinkommens träumen, ist keines. Jedenfalls hat es nichts mit der liberalen Vorstellung von der Freiheit eigenverantwortlicher Menschen zu tun.

Die Empfänger des Grundeinkommens sind nicht unabhängig, sie sind – schlecht bezahlte – Angestellte des Staates und auf das Wohlwollen einer parlamentarischen Mehrheit für diese abenteuerliche Form der Sozialpolitik angewiesen. Genauer: Sie sind abhängig vom Wohlwollen all derer, die das ganze System mit ihren Steuern finanzieren. Sie müssen darauf bauen, dass die potenziellen Steuerzahler nicht in die Schwarzarbeit abwandern oder das Land ganz verlassen. Das Mindeste, was dann nötig wird, ist eine sehr gut ausgestattete Finanzpolizei. Aufschlussreich sind in diesem Zusammenhang die Feldversuche, die beweisen sollen, dass das Grundeinkommen «funktioniert», dass also die Begünstigten ihren Anreiz zu arbeiten nicht verlieren. Schlagzeilen machte besonders das Projekt Otjivero. In diesem Dorf in Namibia zahlten die lutherische Kirche und mehrere westliche Hilfsorganisationen seit 2008 den Bewohnern für jeweils zwei Jahre monatlich 100 namibische Dollar (ungefähr 7,50 Euro). Einzige Bedingung war, dass der Empfänger in dem Dorf registriert war. Das Experiment funktionierte zunächst ganz so, wie es sollte:[78] Die Menschen legten sich nicht auf die faule Haut, sie begriffen das Geld als Riesenchance, sie investierten, schlossen Versicherungen ab und zahlten Schulgeld für ihre Kinder. Aber das Experiment endete 2013 mangels Spendengeld, und der namibische Staat konnte es sich nicht leisten. Das Grundeinkommen ist eine sehr teure Form der Entwicklungshilfe. Über das Experiment von Otjivero und sein Ende ist lange und kontrovers diskutiert worden. Fest steht, dass die namibische Regierung das Grundeinkommen bisher landesweit nicht eingeführt hat, weil sie das Geld nicht dafür aufbringen kann. Die wichtigste Erkenntnis aber lautet: Wenn

Grundeinkommen überhaupt funktionieren soll, ist das Modell auf Spenden angewiesen. Wie die Finanzierung aus der Gesellschaft heraus aussehen könnte, hat bisher noch niemand erprobt.

Übertragbar sind die Ergebnisse solcher Pilotprojekte ohnehin nicht. In Otjivero ging es um Armutsbekämpfung in einem Entwicklungsland, die weitgehend von außen finanziert wurde. In Deutschland würde die bisher gut funktionierende Arbeitskultur eines Industrielandes in Frage gestellt. Was macht die alleinerziehende Mutter in einem sozialen Brennpunkt, die ihren halbwüchsigen Sohn dazu bringen will, sein Leben in die eigenen Hände zu nehmen, wenn der ihr erklärt: «Wieso in die Schule gehen? Ich kriege doch mein Geld vom Staat.» Die Kampagne für das Grundeinkommen zeigt, wie begründet die Skepsis vieler Liberaler gegenüber einem ausufernden Sozialstaat ist. Er droht eine Anspruchsinflation auszulösen, die die Wirtschaft überfordert und die Menschen in die Unmündigkeit treibt.

Wie lässt sich der Wunsch nach einer gerechten Gesellschaft trennen vom verführerischen Begriff der «sozialen Gerechtigkeit» und von der Verführung des Versorgungsstaates? Es gibt ein klares Kriterium für Gerechtigkeit in der Gesellschaft, das mit dem liberalen Menschenbild zusammenpasst, und das ist Chancengerechtigkeit. Jeder Bürger, jede Bürgerin sollte gleiche Startchancen im Leben haben, unabhängig vom Geschlecht, von der sozialen oder ethnischen Herkunft und dem Vermögen der Eltern. Das Ziel ist nie perfekt zu erreichen, denn die Hinwendung und Empathie, die der eine von seinen Eltern mitbekommt, lassen sich beim anderen, dem dies fehlt, von Staats wegen nur schwer ausgleichen. Aber nähern kann man sich dem Ziel. Wenn alle halbwegs gleiche Chancen beim Start ins Leben haben, bedeutet dies allerdings auch nicht, dass sie im Laufe des Lebens gleich viel Geld verdienen werden. Ob jemand nach einem gerechten Start seine Talente klug einsetzt oder nicht, ist eine persönliche Angelegenheit. Wer auf seinem Weg einmal scheitert, hat Anspruch auf die Solidarität der Gesellschaft; sie sollte ihm einen neuen Start ermöglichen, aber sie kann das Scheitern oft nicht verhindern.

Es geht also darum, sich auf die Verwirklichung der Chancengerechtigkeit zu konzentrieren. Und da gibt es viel zu tun.

# KAPITEL 5

# IDENTITÄT

### Über Flüchtlinge, Freiheit
### und Zusammenhalt

E ines der schönsten Dokumente des Liberalismus ist die amerikanische Unabhängigkeitserklärung. «Wir halten diese Wahrheiten für ausgemacht, dass alle Menschen gleich erschaffen wurden, dass sie von ihrem Schöpfer mit gewissen unveräußerlichen Rechten ausgestattet wurden, dass dazu Leben, Freiheit und das Streben nach Glück gehören.» Dieser Satz, 1776 geschrieben, hat bis heute seine Kraft und Faszination nicht verloren. Er wurde im Laufe der Geschichte immer wieder missachtet und verbogen. Das begann schon damit, dass die Gründerväter der Vereinigten Staaten die Sklaverei im Süden des Landes hinnahmen oder sogar selbst praktizierten (wie der Hauptautor der Unabhängigkeitserklärung Thomas Jefferson). Und es endete nicht mit der Kapitulation liberaler Politiker vor Nationalismus und Imperialismus. Trotzdem ist das Bekenntnis zur Freiheit und Gleichheit aller Menschen und deren Recht, nach dem Glück zu suchen, eine der besten Zusammenfassungen dessen, was Liberalismus ausmacht. Liberale sollte nicht interessieren, wer jemand *ist*, sondern was er *tut*, wie er sich anderen gegenüber verhält und wie er seine Talente entwickelt. In diesem Sinne sind Liberale «farbenblind», wie man heute unter Flüchtlingshelfern sagt.

Hautfarbe und Herkunft eines Menschen sollten für sie ohne Belang sein. Sie sollten auch misstrauisch werden, wenn von nationalen, ethnischen, religiösen oder kulturellen «Identitäten» die Rede ist. Es ist immer der einzelne Mensch, der zählt.

Aus all diesen Gründen stehen Liberale traditionell Migranten positiv gegenüber. Einwanderer können den Wohlstand eines Landes mehren und ihre neue Heimat kulturell bereichern. Das in Deutschland geltende Grundrecht auf Asyl ist eine im internationalen Vergleich sehr großzügige Konsequenz aus liberalen Grundsätzen: Wer anderswo verfolgt wird, wessen Menschenrechte in seinem Herkunftsland verletzt werden, der findet bei uns Zuflucht, woher auch immer er kommen mag.

So weit wäre also alles ganz einfach. Aber so einfach ist es nicht. Leben, Freiheit und das Streben nach Glück werden von Staaten garantiert. Die Staaten haben Grenzen, innerhalb dieser Grenzen sind die Menschen durch eine besondere Solidarität miteinander verbunden; diese Solidarität hat historische, kulturelle, ethnische und religiöse Wurzeln. Sie äußern sich in kollektiver Erinnerung, in den Gesetzen und der Verfassung des Landes und einer gemeinsamen Kultur. Auf das Problem sind schon die ersten Demokraten im 18. Jahrhundert gestoßen. In der Erklärung der Menschen- und Bürgerrechte vom 26. August 1789, dem wichtigsten Dokument der Französischen Revolution, verkündete die Nationalversammlung in Paris einerseits die universellen Menschenrechte, andererseits aber das Prinzip der Volkssouveränität, wobei mit «Volk» selbstverständlich das französische gemeint war und nicht irgendein anderes. Deshalb gibt es einen Unterschied zwischen Bürger- und Menschenrechten, zwischen drinnen und draußen. Liberale können sich dafür einsetzen, diese Grenze durchlässig zu machen. Wegwünschen können und sollten sie die Grenze nicht, denn Demokratie ist nur möglich, wenn es einen klar definierten Volkssouverän gibt. Deshalb wird es niemals so sein, dass jeder Mensch auf der Welt es sich einfach aussuchen kann, in welchem Staat er leben will. Das fordert im Ernst auch kaum jemand. Aber wenn der Unterschied zwischen legaler und illegaler Einwanderung negiert wird, läuft es indirekt auf diese unerfüllbare Forderung hinaus.

In diesem Spannungsfeld – universelle Menschenrechte einerseits, Durchsetzung der Rechte in Nationalstaaten andererseits – muss eine liberale Flüchtlings- und Einwanderungspolitik einen Weg finden, einen Weg überdies, für den sich auch politische Mehrheiten organisieren lassen. In einer Zeit, in der es weltweit 244 Millionen Migranten gibt, immerhin 3,3 Prozent der Weltbevölkerung, kann dies existenzielle Bedeutung für die westlichen Demokratien haben.[79] Migration ist sicher nicht das größte Problem, das die Menschheit hat, aber das Thema ist geeignet, Gesellschaften auseinanderzureißen. Angst vor Migranten förderte den Aufstieg des Rechtspopulismus in Europa und den USA. Auch der Aufstieg der AfD begann mit der Flüchtlingskrise von 2015. Neonazis unterschiedlicher Gruppen fühlen sich ermutigt, durch die Straßen Ostdeutschlands zu marschieren. Sie stoßen regelmäßig auf viel größere Gegendemonstrationen. Hier funktionieren die Instinkte der demokratischen Öffentlichkeit noch. Aber Demonstrationen «gegen rechts» reichen nicht. Eine rationale, nicht von Angst getriebene Migrationspolitik ist heute unabdingbar für eine friedliche Gesellschaft.

In der Geschichte gab es immer wieder große Migrationswellen. Ihnen folgten meist Gegenbewegungen. In England wurden irische Arbeitsmigranten systematisch diskriminiert und geschmäht. Die Wirkungen der irischen Einwanderung hat Friedrich Engels in seinem berühmten Buch *Die Lage der arbeitenden Klasse in England* beschrieben.[80] In den USA wurde 1844 eine Partei gegründet, die sich gezielt gegen die Einwanderung von Katholiken aus Irland und Deutschland richtete. Bekannt wurde sie unter dem Namen «Know Nothing Party», weil ihre Mitglieder geschworen hatten, in der Öffentlichkeit und gegenüber der Polizei nichts von ihren teils illegalen Aktivitäten gegen Immigranten zu verraten. 1882 verbot der Kongress die Einwanderung von Chinesen. Insofern ist die heutige Welle des Populismus, die sich gegen Einwanderer richtet, nichts Neues. Auch demokratische, offene Gesellschaften können von Einwanderung überfordert werden. Das passiert besonders dann, wenn die Alteingesessenen das Gefühl bekommen, die Kontrolle über ihr Land verloren zu haben, wenn der Volkssouverän glaubt, dass er nicht mehr souverän ist. Der *Economist*, das erzliberale Magazin aus London, schreibt in einem «Manifest» anlässlich seines 175-jährigen Bestehens: «Menschen lehnen Einwanderung oft deshalb ab, weil sie das Gefühl verstärkt, die Kontrolle über das eigene Leben verloren zu haben, ein Gefühl, das ohnehin gewachsen ist, weil die Globalisierung den Wohlstand, den sie mit sich bringt, nicht so umfassend verteilt hat, wie das sein sollte.»[81] Die Autoren fügen hinzu: Hindernisse zu beseitigen, die der Selbstbestimmung der bereits hier lebenden Menschen im Wege stehen, sei ein Wert an sich und ein Mittel, um Antipathie gegen Migration abzubauen. «Aber das Gefühl von Kontrolle wiederherzustellen bedeutet auch, dass Migration von klaren Gesetzen geregelt wird, die auf faire Weise, aber entschlossen durchgesetzt werden.»

Vieles, was in der Öffentlichkeit diskutiert wird, ist daher nicht nur wichtig im Interesse der Migranten, es ist auch ein Beitrag zur Sicherung der freien Gesellschaft: ein Einwanderungsgesetz, das klar zwischen Flüchtlingen, Asylbewerbern, Arbeits- und Armutsmigranten unterscheidet; außerdem schnellere Asylverfahren und konsequente Abschiebungen. Viele Parolen von Flüchtlingshelfern sind dagegen geeignet, die Gesellschaft weiter zu spalten. «Refugees are welcome here», das meistens auf Demonstrationen gegen die AfD und Rechtsextremisten zu hören ist, gehört dazu. Der Satz ist einerseits eine Selbstverständlichkeit. Natürlich sollte ein Land Flüchtlinge willkommen heißen, das ist ein Gebot der Menschlichkeit. In der Praxis wird aus dem Satz aber eine viel umfassendere Norm abgeleitet – dass nämlich jeder Mensch, der sich als Flüchtling bezeichnet, sich in Deutschland niederlassen dürfen muss, egal aus welchen Gründen er seine Heimat verlassen hat, egal wo er herkommt und welche Werte er vertritt. Dann wird aus der Selbstverständlichkeit eine Lüge, ein Anspruch, der niemals einzulösen ist. Unter dieser Maßgabe ist eine pragmatische Einwanderungspolitik nicht möglich.

Ähnlich verhält es sich mit der pathetischen Parole «Kein Mensch ist illegal». Der Satz, ursprünglich geprägt von dem Schriftsteller und Friedensnobelpreisträger Elie Wiesel, ist heute der Name eines Netzwerks von Flüchtlingshelfern. Er korrigiert zunächst einen schlampigen Sprachgebrauch. Natürlich *ist* niemand illegal, wenn er das Gesetz oder eine Vorschrift missachtet hat. Man nennt ja auch nicht jemanden, der bei Rot über die Straße geht, einen «illegalen Fußgänger». Aber kann das bedeuten, dass man einfach ignoriert, ob jemand legal oder illegal in ein Land kommt? Wer das tut, fördert genau das Gefühl des Kontrollverlusts, von dem dann die Rechtspopulisten profitieren. Nein, man soll nicht der AfD in ihrer Xenophobie hinterherrennen, ganz im Gegenteil. Es geht darum, politische Mehrheiten für eine pragmatische Einwanderungspolitik zu sichern, die im Interesse Deutschlands ebenso liegt wie in dem der Fremden, die hierherkommen.

Am meisten missbraucht wird heute der Begriff «multikulturelle Gesellschaft». Auch er beschreibt zunächst einmal einen Zustand: Deutschland ist, wie die meisten Staaten Westeuropas, ein Land, in dem Menschen der unterschiedlichsten Kulturen zusammenleben. Für Rechtspopulisten ist «Multikulti» ein Objekt der Häme und der Verachtung, Ausbund eines rot-grünen Denkens, das sie so sehr hassen. Auf der anderen Seite des Spektrums, bei vielen, die sich für eine liberale Einwanderungspolitik einsetzen, gilt Multikulturalismus nicht als Fakt, sondern als Norm: Alle Kulturen sind irgendwie gleich, und man muss die Identitäten aller eingewanderten Gruppen akzeptieren, so wie sie sind. Genau das ist jedoch illiberal, ahistorisch und schadet letztlich auch den Einwanderern. Es geht dabei nicht darum, Neuankömmlinge auf eine wolkige deutsche «Leitkultur» zu verpflichten oder von ihnen zu verlangen, dass sie Sauerkraut statt Couscous essen. Sondern darum, Anpassung an einige Werte zu verlangen – unsere Werte. Ein Blick über die Grenzen kann da helfen. Viele Schweizer bezeichnen ihr Land als «Willensnation». Der Begriff geht zurück auf den französischen Sprachwissenschaftler Ernest Renan, von dem der Satz stammt, eine Nation sei ein «tägliches Plebiszit».[82] Das bedeutet: Die Schweizer kommen aus vier verschiedenen Kulturen, ihre Nation entstand im Freiheitskampf gegen den Feudalismus. Zusammengehalten wird die Schweiz heute durch das tägliche Erleben der einst erkämpften Freiheiten und Werte. Bis zu einem gewissen Grade sind alle Nationen Willensnationen – ein Umstand, der umso wichtiger wird, je mehr Einwanderer ein Land aufgenommen hat. Deutschland ist nach einer beispiellosen historischen Katastrophe eine stabile und freiheitliche Demokratie geworden, die sich zu verteidigen lohnt. Wenn viele Einwanderer die Werte nicht teilen, wenn sie sich dem täglichen Plebiszit verweigern, dann ist Gefahr im Verzug.

Und hier ist jetzt auch von Religion zu reden. Der Aufbruch in die Ordnung der Freiheit begann im christlichen Abendland mit der Trennung von Kirche und Staat im Mittelalter. Es folgten die Reformation und schließlich, in der Aufklärung, der entscheidende Schritt: Religion hörte auf, Staatsdoktrin zu sein, sie wurde Privatsache. Einen vergleichbaren Weg ist der Islam in seiner Geschichte nie gegangen. Dies festzustellen ist kein Angriff auf den Islam selbst, sein Gottesbild oder den Koran, dessen Sprache auch Nichtmoslems bewundern, sofern sie des Arabischen mächtig sind. Die Überlegungen betreffen auch nicht all die Moslems, die deutsche Staatsbürger sind und ihre Religion im Privaten praktizieren, so wie Katholiken, Protestanten, Juden oder Buddhisten auch. Es geht vielmehr darum, dass viele Moslems, vor allem junge, in der intoleranten Welt des voraufgeklärten Islam leben und dass westliche Nationen gerade dabei sind, diese islamische Intoleranz zu importieren.

Was das bedeutet, hat die pakistanische Journalistin

Meera Jamal erlebt, die nach Deutschland flüchtete, weil sie als Atheistin in ihrer Heimat ihr Leben nicht mehr leben konnte. Pakistan ist eines der Länder auf der Erde, die am meisten von religiösem Fanatismus heimgesucht werden. Meera Jamal schreibt: «Der größte Augenblick meines Lebens kam 2008, als ich an einer deutschen Erstaufnahmestelle für Flüchtlinge mein religiöses Etikett ablegte. Es fühlte sich an, als habe jemand eine Last von meinen Schultern genommen. Man hatte mich allerdings gewarnt: Ich solle still sein, um Feindseligkeiten seitens meiner Landsleute zu vermeiden. Daher fühlte ich mich in der Falle, als ich in ein Zimmer zusammen mit anderen Frauen aus Pakistan gebracht wurde und dann mit mehreren arabischen Männer – einige unter ihnen belästigten mich sexuell – zu tun hatte, die mich immer wieder fragten, warum ich nicht betete und warum ich Röcke, Jeans und ärmellose Blusen trug.» Jetzt habe sie «Angst davor, offen zu sein, sogar in einem Land, das die Freiheit der Religion in seinen Gesetzen garantiert».[83] Mit wenig Übertreibung kann man sagen: Meera Jamal ist vor Verfolgung geflüchtet, und ihr Verfolger – der vormoderne Islam mit seinen Anhängern – ist mitgekommen.

«Der Islam gehört inzwischen auch zu Deutschland» – der Satz des früheren Bundespräsidenten Christian Wulff, den er in seiner Rede zum Nationalfeiertag am 3. Oktober 2010 sagte, beschäftigt die deutsche Gesellschaft bis heute. Dabei stellte Wulff nur eine simple Tatsache fest, über die eine Diskussion eigentlich müßig ist. Schätzungsweise vier Millionen Menschen in der Bundesrepublik bekennen sich heute zum Islam, und es werden dank der anhaltenden Migration noch mehr werden. Wer behauptet, zwar gehörten die Moslems zu Deutschland, nicht aber ihre Religion an sich, der macht sich etwas vor. Entscheidend ist, dass mit dem Islam auch die ganzen innerislamischen Konflikte zu Deutschland gehören. Die muss die Zivilgesellschaft zur Kenntnis nehmen. Und sie sollte sich einmischen zugunsten eines liberalen, weltoffenen Islam, den es ja längst gibt, der aber zunehmend unter den Druck konservativer Kreise gerät. Das Problem ist, dass es im Islam keine Trennung von Religion und Staat gibt, weshalb es unmöglich ist, den Islam genauso zu behandeln wie Katholizismus, Protestantismus oder Judentum. Es gibt keinen legitimierten geistlichen Ansprechpartner für den Staat. Stattdessen spielen von ausländischen, autoritären Regierungen gesteuerte Verbände eine zentrale Rolle. Es gibt Hinweise darauf, dass religiöse Gruppen aus Saudi-Arabien und anderen Golfstaaten in Deutschland Salafisten finanzieren, eine radikale islamische Missionsbewegung. Fragwürdig ist auch die «Türkisch-Islamische Union der Anstalt für Religion» (Ditib), der offizielle türkische Moscheenverband. Wie sehr Ditib als verlängerter Arm der Regierung in Ankara fungiert, zeigte sich im September 2018, als der türkische Präsident Recep Tayyip Erdoğan die neue Kölner Zentralmoschee einweihte. Eigentlich sollte dieses Gotteshaus, ein architektonisches Meisterwerk, die Verbundenheit der Kölner Moslems mit ihrer Stadt symbolisieren. Jetzt aber geriet deren Eröffnung zur Feier für einen türkischen Autokraten, die fast ohne Beteiligung der deutschen Mehrheitsgesellschaft stattfand. Sie trug zur Spaltung bei und nicht zur Integration. Der Grünen-Politiker Cem Özdemir warf Erdoğan vor, er wolle «die Deutschtürken in einer Art islamisch-nationalistischer Parallelgesellschaft an sich binden». Özdemir hatte schon früher vor Ditib gewarnt, wurde aber lange nicht gehört, weil sich die deutsche Gesellschaft die Lage schönreden will. Es ist gefährlich, wenn sich sehr viele Menschen in Deutschland als Untertanen eines ausländischen Herrschers begreifen. Warum kam eigentlich niemand auf die Idee, dass der deutsche Bundespräsident die Moschee eröffnen sollte und nicht der türkische Staatspräsident?

Von dem Problem weiß auch Abdel-Hakim Ourghi zu berichten. Ourghi ist ein bekennender liberaler Moslem und formuliert in seinem Buch 40 Thesen für einen aufgeklärten Islam.[84] Derzeit unterrichtet Ourghi als Dozent islamische Religionspädagogik an der Pädagogischen Hochschule Freiburg. Als es darum ging, ihn auf eine ordentliche Professur zu berufen, reagierten konservative Islamverbände mit einem Protestschreiben.[85] Noch ist der Ausgang des Berufungsverfahrens offen. Ourghi beschreibt präzise, worauf es bei der Integration des Islam in die deutsche Gesellschaft ankommt. Der Islam, wie er ihn versteht, ist «keine staatliche Ordnung, die einen Totalitäts- und Universalanspruch auf die ganze Menschheit erhebt». Vielmehr sei er «eine persönliche Angelegenheit zwischen Gott und dem Einzelnen», schreibt Ourghi und schließt mit dem Satz: «Mein Islam ist loyal zu meiner Heimat Deutschland; mein Geburtsort in Algerien ist nichts anderes als ein Erinnerungsort.» Ourghi hat die Solidarität der deutschen Zivilgesellschaft verdient.[86]

Der niederländische Soziologe Ruud Koopmans, der am Wissenschaftszentrum Berlin (WZB) lehrt, glaubt, dass Multikulturalismus der Gesellschaft, aber auch den Immigranten selbst schadet. Er fordert explizit die «Assimilation» der Migranten: «Integration verläuft einfach besser und schneller, wenn ein bestimmtes Ausmaß an kultureller Anpassung erfolgt.»[87] Die Forderung nach Assimilation gilt heute vielen als Anmaßung den Migranten gegenüber, als verkappter Rassismus. Die Frage ist jedoch, ob ohne ein gewisses Maß an «Ähnlichwerdung» – genau das bedeutet Assimilierung – das Experiment einer Einwanderungsgesellschaft überhaupt funktionieren kann. Wie die Geschichte des klassischen Einwanderungslandes USA zeigt, kann ein Migrant durchaus die Erinnerung an seine alte Heimat wachhalten und gleichzeitig mit Begeisterung für seine neue eintreten. Einer der vielen alarmierenden Aspekte der Präsidentschaft von Donald Trump ist es, dass dieses Erfolgsrezept nicht mehr zu funktionieren scheint. Die Gesellschaft zerfällt in weiße, meist sehr konservative Amerikaner und in solche, die sich vor allem als Angehörige von *minorities* definieren: Schwarze, Latinos und eben Migranten.

Wohin die Ablehnung der Assimilation und falsch verstandene Toleranz gegenüber anderen Kulturen führen kann, hat Koopmans selbst erlebt. Der Soziologe war Mitglied der niederländischen Grünen, so lange, bis 1994 der Vorsitzende der Partei, Mohamed Rabbae, in einem Interview Sympathie für die Idee zeigte, das Buch *Die satanischen Verse* des Schriftstellers Salman Rushdie zu verbieten. Weil viele Moslems das Buch als blasphemisch empfanden, wird Rushdie bis heute massiv mit dem Tod bedroht. Rabbae meinte dazu: «Zu versuchen, so ein Buch zu verbieten, ist ein demokratischer Weg, … um den eigenen Gottesdienst zu verteidigen.»[88] Der religiöse Führer des Irans, Ayatollah Khomeini, wollte die Verbannung der *Satanischen Verse* per Mordaufruf gegen Rushdie erreichen. Der grüne Politiker teilte das Ziel Khomeinis, er wollte es nur eben mit friedlichen Mitteln durchsetzen. Aber auch das wäre ein Akt der Unterwerfung unter eine besonders aggressive Form des Islam gewesen. Zum Glück sind die Niederlande dem Vorschlag Rabbaes nie gefolgt.

Der Konflikt bei den niederländischen Grünen zeigt exemplarisch: Es gibt eine dunkle Seite des Strebens nach Diversität – das Denken in Identitäten. Dabei geht es nicht mehr nur darum, Menschen unterschiedlicher Herkunft willkommen zu heißen und mit ihnen zusammenzuleben, sondern um die Pflege und das Betonen von Unterschieden. Was ein Mensch ist, aus welcher Ethnie er kommt, welcher Rasse er angehört, welchem Geschlecht und welcher sexuellen Orientierung, wird dann plötzlich viel wichtiger als das, was er tut, wohin er strebt und ob er hilfsbereit ist. Mit welcher Haltung die Gesellschaft Einwanderern begegnen sollte, hat Cem Özdemir formuliert, der «anatolische Schwabe» (so nennt er sich selbst) vom Nordrand der Schwäbischen Alb: «Du gehörst zu uns. Es ist nicht wichtig, wo Du herkommst. Wichtig ist, wohin Du willst. Allein daran messen wir Dich!»[89] In einem Land, in dem mittlerweile 23,6 Prozent der Bevölkerung einen Migrationshintergrund haben, ist das von existenzieller Bedeutung.[90] Die Mehrheitsgesellschaft muss klarmachen: Du gehörst zu uns! Und die Einwanderer müssen das Angebot annehmen.

Deutschlands Wirtschaft braucht Einwanderer. Es gibt wohl kaum einen Ökonomen, der dieser Aussage widersprechen würde. Arbeitskräfte von außen sind notwendig, wenn eine alternde Gesellschaft wie die deutsche ihren Wohlstand wahren will. Heute schon klagen Unternehmer über massiven Fachkräftemangel. Nach 2030, wenn die geburtenstarken Jahrgänge in Rente gehen, wird sich dieser Mangel aller Voraussicht nach weiter verschärfen. Die deutsche Migrationspolitik ist darauf

aber nicht eingestellt, genauer: seit der Anwerbung von
«Gastarbeitern» in der alten Bundesrepublik nicht mehr
(und die wurden ja als Gäste gesehen, nicht als Einwanderer). Wer heute nach Deutschland kommt, tut dies im
Rahmen der Freizügigkeit der EU, weil er, etwa als Asylbewerber, ein Recht dazu hat, oder aber als Flüchtling vor
Krieg und Unterdrückung. Das Problem ist, dass in der
Öffentlichkeit die Flucht-Zuwanderung mit der Einwanderung in den Arbeitsmarkt vermischt wird. Das führt
zu falschen Schlüssen. Nur wenige der Flüchtlinge, die
seit 2015 nach Deutschland gekommen sind, haben eine
Chance, Facharbeiter zu werden. Das durchschnittliche
Bildungsniveau von mehr als der Hälfte der Flüchtlinge
sei als «vergleichsweise gering einzustufen», schreibt die
Bundesagentur für Arbeit.[91] Selbst wenn Flüchtlinge alles
richtig machen – Sprachkurse besuchen, sich aktiv um
Arbeit bemühen –, sind ihre Aufstiegschancen in den
meisten Fällen begrenzt. Wenn man über 20 ist, wie die
meisten Flüchtlinge der vergangenen Jahre, kann man
nicht mehr unbegrenzt Zeit in die Ausbildung stecken,
vor allem dann nicht, wenn die Familie in der Heimat
dringend auf Geldüberweisungen wartet. Die Migranten
sind also in der Mehrheit auf einfache Jobs angewiesen,
bei denen Sprachkenntnisse nicht so wichtig sind: als
Reinigungskräfte, in der Logistik und im Verkauf. Und
die Zahl dieser Jobs ist in Deutschland begrenzt. Wenn
arbeitslose Flüchtlinge einen Job finden, dann zu mehr
als einem Drittel in der Leiharbeit, zeigt die Statistik. Das
sollte Politikern zu denken geben, die Leiharbeit als Ausbeutung empfinden und sie daher bekämpfen. Jede Ein-
schränkung der Leiharbeit erschwert Flüchtlingen den
Zugang zum Arbeitsmarkt.

Generell besteht ein Spannungsverhältnis zwischen unbegrenzter Einwanderung und Regulierung. In Schweden, das aus humanitären Gründen traditionell eine sehr liberale Einwanderungspolitik betrieben hat, lässt sich das beobachten. In den Jahren 1998 bis 2015 sind so viele Migranten in das bevölkerungsarme Land eingewandert, dass sie heute ein Sechstel der Gesamtbevölkerung ausmachen.[92] Schwedens Arbeitsmarkt ist besonders streng reguliert, der Mindestlohn einer der höchsten der Welt. Das führt dazu, dass Migranten unverhältnismäßig lange brauchen, um auch nur einen bescheidenen Job zu finden, der Unterschied im Beschäftigungsniveau zwischen Einheimischen und Zuwanderern liegt bei 30 Prozentpunkten. Es wird angesichts dieser Zahlen deutlich, dass Wohlfahrtsstaaten wie Schweden, aber auch Deutschland in bester Absicht eine neue Unterschicht im eigenen Land schaffen. Eine Schicht von Menschen, die auf absehbare Zeit keinerlei Chancen auf Integration haben. Vor diesem Hintergrund ist die Stimmung im einst liberalen Schweden gegen die Migranten gekippt. Wer ein offenes Land mit einem wohlregulierten Arbeitsmarkt möchte, der muss daher zwingend auch Konzepte entwickeln, wie die Armutszuwanderung zu begrenzen ist.

Notwendig ist es, über Probleme klar und ohne Schönfärberei zu reden. Das betrifft auch und gerade die Kriminalität von Ausländern. Rechtspopulisten und Rechtsextremisten nutzen das Thema regelmäßig zur Mobilisierung. Die Ausschreitungen rechter Demonstranten in Chemnitz im Spätsommer 2018 nach dem Mord an einem jungen Mann – vermutlich durch einen Iraker und einen Syrer – haben die Republik schockiert. Deshalb behandelt die demokratische Öffentlichkeit Ausländerkriminalität oft mit übergroßer Vorsicht. Der Deutsche Presserat empfiehlt den Journalisten in seinem Pressekodex, bei Straftaten «darauf zu achten, dass die Erwähnung der Zugehörigkeit der Verdächtigen oder Täter zu ethnischen, religiösen oder anderen Minderheiten nicht zu einer diskriminierenden Verallgemeinerung individuellen Fehlverhaltens führt. Die Zugehörigkeit soll in der Regel nicht erwähnt werden, es sei denn, es besteht ein begründetes öffentliches Interesse. Besonders ist zu beachten, dass die Erwähnung Vorurteile gegenüber Minderheiten schüren könnte.»[93] Diese Mahnung ist im Prinzip richtig, geht aber viel zu weit. Wenn wichtige Fakten nicht berichtet werden, nur weil dies Vorurteile wecken könnte, sät man Misstrauen, schafft Verunsicherung und schadet letztlich der übergroßen Mehrheit der gesetzestreuen Migranten.

Wie kriminell sind Zuwanderer wirklich? Man kann die Sache von verschiedenen Seiten betrachten. Einerseits ist Deutschland im internationalen Vergleich ein sicheres Land, die Kriminalität war 2017 sogar stark rückläufig. Andererseits gibt es Problembereiche, in denen Straftaten durch Zuwanderer eine besondere Rolle spielen.

Zum Beispiel Freiburg. Die Universitätsstadt im Südwesten Deutschlands erlebte zwei grauenhafte Verbrechen, die vermutlich von Migranten begangen wurden. Im November 2016 wurde eine junge Frau von einem afghanischen Asylbewerber mit krimineller Vorgeschichte vergewaltigt und ermordet. Im November 2018 wurde eine 18-jährige Studentin von mindestens acht Männern vergewaltigt, sieben von ihnen Zuwanderer aus Syrien. In den vergangenen Jahren hat es Freiburg zur Kriminalitätshauptstadt Baden-Württembergs gebracht. 2017 wurden dort 11 712 Straftaten pro 100 000 Einwohner begangen, gegenüber nur 8451 in der viel größeren Landeshauptstadt Stuttgart.[94] 42,2 Prozent der Täter bei aufgeklärten Verbrechen haben keinen deutschen Pass (aber nur 17 Prozent der Wohnbevölkerung in Freiburg sind nicht deutsch). Gut 15 Prozent der Tatverdächtigen sind Asylbewerber oder Flüchtlinge (zwei Prozent der Wohnbevölkerung), auch bei den Gewaltverbrechen liegt der Ausländeranteil bei 40 Prozent (Verstöße gegen das Ausländerrecht, die Deutsche definitionsgemäß nicht begehen können, gehen nicht in die Statistik ein).

Die Freiburger Bevölkerung hat auf die schockierenden Verbrechen besonnen reagiert. An der Demonstration, zu der die AfD im November 2018 aufgerufen hatte, nahmen ganze 500 Menschen teil. Aber hohe Kriminalitätsraten wie in Freiburg führen zu einer Verunsicherung in der Gesellschaft. Ralf Fücks, Grünen-Politiker und heute geschäftsführender Gesellschafter des Zentrums «Liberale Moderne», sagt: «Zu gelebter Freiheit gehört auch, sich angstfrei im öffentlichen Raum zu bewegen. Wer die öffentliche Sicherheit und Ordnung vernachlässigt, bereitet den Boden für autoritäre Populisten.»[95]

Aber wie löst eine liberale Gesellschaft dieses sehr spezifische Problem der inneren Sicherheit? Die Freiburger Polizei hat ein neues Sicherheitskonzept entwickelt, das erste Erfolge zu zeitigen scheint. Aber das Problem bleibt, dass Immigration mit konkreten Gefahren für die innere Sicherheit verbunden ist. Manche Statistiker weisen darauf hin, dass die ausländischen Täter überwiegend aus der Gruppe der jungen Männer kämen, und die seien überall auf der Welt am stärksten kriminalitätsgefährdet, auch in Deutschland. Aber die Aussage ist keine Beruhigung, sondern beschreibt genau das Problem. Unter den Asylsuchenden der Jahre 2015 und 2016 waren 34 Prozent Männer im Alter zwischen 16 und 29 Jahren; der Anteil ist viermal so hoch wie in der deutschen Bevölkerung. Es sind überdies entwurzelte Männer, oft traumatisiert und aus einer autoritären, frauenfeindlichen Kultur. Hier kann es leicht passieren, dass man eine neue, nicht integrierbare Schicht ins Land holt und das organisierte Verbrechen ermutigt. Der Aufstieg arabischer, tschetschenischer und anderer ethnisch definierter Clans in Berlin und in Nordrhein-Westfalen ist hier eine Warnung. Die sich als liberal verstehende Öffentlichkeit in Deutschland muss lernen, dass gegen Kriminalität Härte notwendig ist, dass null Toleranz ein Gebot der Stunde sein kann und dass nicht jede Abschiebung unmenschlich ist. Es wäre auch angemessen, die nordafrikanischen Staaten Algerien, Tunesien und Marokko zu sicheren Herkunftsländern zu erklären, deren Bürger nur in Ausnahmefällen Asyl erhalten und in die dann leichter abgeschoben werden könnte.

Das sind die Probleme, die sich durch Einwanderung ergeben. Sie muss man sehr ernst nehmen. Es ist aber auch gut, die andere Perspektive einzunehmen: In was für ein Land wandern die Migranten ein? Wie nehmen sie es wahr, wenn sie angekommen sind? «Du gehörst zu uns», sollen die Deutschen ihren künftigen Mitbürgern zurufen, sagt Cem Özdemir. Aber wer ist das, dieses «Wir», zu dem die Einwanderer gehören sollen? Jedem fallen zu «Deutschland» ein paar Dinge ein, die ihm gefallen: Das Land ist sicher, die meisten Dinge funktionieren, die Sozialleistungen sind vergleichsweise großzügig. Vor allem hat Deutschland mit dem Grundgesetz eine wunderbare Verfassung, zu dem sich jeder Einwanderer bekennen sollte. Aber das reicht nicht. Das Gefühl der Zugehörigkeit zu einer Nation lässt sich nicht über Euro-Beträge oder auch den bloßen Text des Grundgesetzes vermitteln, es lässt sich nicht verordnen. Die Werte des Grundgesetzes erklären sich auch aus der deutschen Geschichte, sie müssen gelebt und gefühlt werden. «Die Würde des Menschen ist unantastbar» (Artikel 1) heißt zum Beispiel: Lehrer greifen unnachsichtig ein, wenn Schüler einen Mitschüler mobben, und sie haben auch die Rückendeckung der Gesellschaft dabei. Gewalt in der Familie wird geahndet. «Alle Menschen sind vor dem Gesetz gleich. Männer und Frauen sind gleichberechtigt» (Artikel 3) bedeutet: Frauen dürfen selbstverständlich ihren Mann verlassen, die Teilnahme von Mädchen am Turnunterricht und an Klassenreisen ist unverhandelbar. Die Freiheit des Glaubens (Artikel 4) und die Meinungsfreiheit (Artikel 5) bedeuten: Man kann auch keine Religion haben, man darf sogar Dinge über eine Religion sagen, die Angehörige dieser Religion selbst als Blasphemie empfinden könnten. Antisemitismus ist tabu (Artikel 1 und 2), Europa Pflicht (Artikel 23).

Zugehörigkeit braucht aber auch Symbole. Das amerikanische Beispiel zeigt, wie wichtig diese gerade für eine Einwanderernation sind, etwa die Freiheitsstatue in New York, das Lincoln Memorial in Washington und vor allem das Sternenbanner. Die Stars and Stripes werden von Rechten und Linken gezeigt, von Republikanern und Bürgerrechtlern. Die Flagge ist längst zum Popsymbol geworden. Die heutigen Deutschen dagegen haben, als Erbe ihrer Geschichte, eine verständliche Scheu vor Nationalstolz und wenig Symbole, um ihn zu zeigen. Der frühere Bundespräsident Gustav Heinemann wendete diese Skepsis positiv. Bei seiner Antrittsrede am 1. Juli 1969 sagte er: «Es gibt schwierige Vaterländer. Eines davon ist Deutschland. Aber es ist unser Vaterland.» Die Worte waren ein Stück Befreiung in einer Zeit, in der die Jugend der Bundesrepublik begann, sich ernsthaft mit dem Erbe des Nationalsozialismus auseinanderzusetzen. Was bei Heinemann ein skeptischer, leiser Patriotismus war, ist heute oft einer Leere gewichen, wenn es um Antworten auf die Frage geht: Wer sind wir?

Zu Recht berüchtigt in dieser Hinsicht war der Satz der SPD-Integrationsbeauftragten Aydan Özoğuz: «Eine spezifisch deutsche Kultur ist, jenseits der Sprache, schlicht nicht zu identifizieren.» Das ist offenkundig Unfug, und die Diskussion darüber wurde wahrscheinlich nur gebremst wegen der unsäglichen Reaktion des AfD-Politikers Alexander Gauland, der Özuğuz «in Anatolien entsorgen» wollte. Natürlich gibt es eine deutsche Kultur, so wie es eine französische, amerikanische, türkische oder kurdische gibt. Die deutsche Kultur gab es, lange bevor in einem schmerzhaften Prozess ein deutscher Nationalstaat entstand.

Alles wäre einfacher, wenn die Symbole für die deutsche Demokratie präsenter wären. Wie inzwischen im Sport. Spätestens seit der Fußball-Weltmeisterschaft 2006 in Deutschland gehören schwarz-rot-goldene Fahnenmeere zu großen Sportereignissen dazu. Leichtathleten wickeln sich, wenn sie denn gewonnen haben, in Fahnentuch. Außerhalb der Stadien und Fanmeilen jedoch fehlen die Flaggen meist. Und das hat heute, im Zeitalter von Migration und Rechtspopulismus, eine neue Qualität: Die neuen Rechten – AfD, Pegida und Schlimmeres – nutzen diese Leere und sind dabei, Schwarz-Rot-Gold für sich zu okkupieren. In manchen Zeitungs- und Fernsehberichten ist es schon so weit: Nationalfahnen werden gezeigt, um Berichte über Rechtspopulisten zu illustrieren.

Es ist töricht und eine Gefahr für die Demokratie, dem rechten Rand der Gesellschaft freiwillig die Symbole der Nation zu überlassen. Und es ist völlig unnötig. Deutschland mag ein schwieriges Vaterland sein, bei den Nationalfarben ist die Sache ganz einfach: Es gab in der Geschichte der Nationwerdung Deutschlands zwei Fahnen – eine der Demokratie: Schwarz-Rot-Gold, und eine der Reaktion: Schwarz-Weiß-Rot. Die eine entstand in den Befreiungskriegen gegen Napoleon in sehr freier Anlehnung an das Siegel des Heiligen Römischen Reiches, sie war die Fahne der gescheiterten Revolution von 1848. Schwarz-Weiß-Rot wurde dem preußisch dominierten Reich von Otto von Bismarck verordnet, in bewusster Abgrenzung zu den demokratischen Bestrebungen der Achtundvierziger. In der Weimarer Republik wurde der Kampf um die Demokratie auch über die beiden Flaggen geführt. Der 1924 von der SPD, dem katholischen Zentrum und der liberalen DDP gegründete Kampfverband «Schwarz-Rot-Gold» versuchte die Republik vor den Angriffen von Stahlhelm, SA und Rotfrontkämpferbund zu schützen. Es gäbe also Grund genug, Schwarz-Rot-Gold als Symbol für fast 70 Jahre stabile Demokratie zu zeigen, für den besten Staat, den es je auf deutschem Boden gab. Bundespräsident Frank-Walter Steinmeier drückte das am 9. November 2018 im Bundestag so aus: «Wer heute Menschenrechte und Demokratie verächtlich macht, wer alten nationalistischen Hass wieder anfacht, der hat gewiss kein historisches Recht auf Schwarz-Rot-Gold!»

KAPITEL 6

# ZUKUNFT

### Wie eine liberale Erneuerung
### aussehen könnte

**D**ieses Buch handelt von den bedrohlichen illiberalen
und antiliberalen Tendenzen jenseits und diesseits
der deutschen Grenzen. Wer diesen Tendenzen
etwas entgegensetzen will, muss den Liberalismus erneuern, Fehler korrigieren und für den Wert der Freiheit
werben. Die folgenden Thesen stehen nicht für ein um-
fassendes Reformprogramm, sie sollen keine Agenda
sein, aber Anstöße für die Erneuerung liefern.

### Freiheit durch Vermögen

In Deutschland sind die privaten Vermögen im Vergleich
zu anderen Industrieländern sehr ungleich verteilt. Das
gilt vielen als Beleg dafür, wie ungerecht das Land unter
dem Neoliberalismus geworden ist. Wie bereits dargelegt,
sind die Vermögen in der Bundesrepublik weniger ungleich verteilt, wenn man auch die Rentenansprüche der
Bürger berücksichtigt. Nun sind Rentenansprüche zwar
«eigentumsähnlich», aber eben kein richtiges Eigentum,
über das man frei verfügen könnte. Daher wäre die
Gesellschaft in einem besseren Zustand, besäßen mehr
Bürger einen größeren Anteil des Produktivvermögens,

also Anteile an Unternehmen. Dies aus drei Gründen: Vermögen verschafft, erstens, dem, der es besitzt, ein Stück Freiheit. Es ist also ein Wert an sich. Zweitens kann das eigene Vermögen die Versorgung im Alter sichern, in einer Zeit, in der die staatlichen Rentensysteme wegen des demographischen Wandels unter Druck stehen. Und drittens schafft Vermögen ein Stück Sicherheit in einer sich rasch wandelnden Arbeitswelt, in der vorübergehende Zeiten der Arbeitslosigkeit einkalkuliert werden müssen. Mehr Vermögen wäre also auch ein Mittel gegen Populismus.

Bezeichnend für die antiliberale Stimmung im Lande ist es, dass zwar viel über den Reichtum der Quandts, der Albrechts und anderer Milliardäre geklagt wird, aber niemand darüber redet, wie Hans und Lieschen Müller zu mehr Vermögen kommen könnten. Und es ist ein wenig beachteter, aber dafür umso folgenreicher Fehler vieler Wirtschaftsliberaler, dass sie frühere Ideen aus den Anfangsjahren der Bundesrepublik für einen Volkskapitalismus, für eine breite Streuung des Vermögens also, aufgegeben und das Thema ein paar Außenseitern überlassen haben.

Deshalb ist es wichtig, heute an einen großen, aber fast vergessenen Sozialdemokraten zu erinnern. Sein Name: Philip Rosenthal. Rosenthal gehörte zu den schillerndsten Figuren der jungen Bundesrepublik. Er war Sohn des Porzellanunternehmers Philipp Rosenthal aus Selb in Oberfranken. 1934 floh die jüdische Familie vor den Nationalsozialisten nach London, anschließend wurde Rosenthal Mitglied der französischen Fremdenlegion, arbeitete als Bäckerlehrling und schließlich, während des Krieges, als Journalist in der Propaganda-Abteilung des britischen Außenministeriums. Nach 1945 erhielt sein Vater die von den Nazis enteignete Porzellanfabrik zurück, der Sohn trat 1950 in die Firma ein. Acht Jahre später wurde er deren Chef. Er trat in die SPD ein – für einen Unternehmer alles andere als selbstverständlich – und wurde im ersten Kabinett von Willy Brandt Parlamentarischer Staatssekretär im Bundeswirtschaftsministerium.

Rosenthals großes Thema war die Vermögensbildung für Arbeitnehmer. Dass einfache Arbeiterinnen und Arbeiter Vermögen bilden konnten, bedeutete für ihn nicht bloß, dass Geringverdienern ein wenig beim Sparen geholfen wurde. Rosenthal wollte die Unterschiede zwischen oben und unten verringern. Eigentum sollte für breite Schichten erfahrbar und die Gesellschaft so demokratischer werden. Auch die Unternehmer müssten Opfer bringen, um den sozialen Ausgleich zu ermöglichen, glaubte Rosenthal. Schon früh beteiligte er die Mitarbeiter an seinem Porzellanwerk in Selb. Jetzt versuchte er, den Gedanken der Mitarbeiterbeteiligung auf volkswirtschaftlicher Ebene zu verankern. «Die Wirtschaft ist ein Dampfer, der in Fahrt bleiben muss und bei dem es darauf ankommt, dass die dritte Klasse und das Zwischendeck auf die Lebensmöglichkeiten der ersten Klasse angehoben werden, ohne dass die Maschine heiß läuft», sagte er in einem Interview.[96] Seine Grundidee war, stark vereinfacht: Die Unternehmer zahlen den Arbeitnehmern mehr, als der Produktivitätsfortschritt eigentlich hergibt. Zum Ausgleich belassen die Arbeitnehmer einen Teil des Geldes als Kapital in den Unternehmen, sodass diese damit arbeiten können. Arbeitnehmer haben dadurch zwar unmittelbar nicht mehr Geld in der Tasche, aber sie bekommen Vermögen und damit ein Stück mehr Freiheit. Über Tarifverträge und staatliche Subventionen sollte jeder deutsche Arbeitnehmer binnen zehn Jahren ein Vermögen im Gegenwert eines durchschnittlichen Jahreseinkommens bilden können, so sein Plan.

Philip Rosenthal scheiterte mit seinem idealistischen Projekt und trat 1971 als Staatssekretär enttäuscht zurück. Die Arbeitgeber mochten die Idee nicht, und auch die Gewerkschaften stellten sich quer. Letztere wollten Rosenthals Plan nur akzeptieren, wenn die dazu notwendigen Investmentfonds von ihnen selbst geleitet worden wären, was dem Sinn des Vorhabens widersprochen hätte.

In der Rückschau kann man viel gegen Rosenthals Ideen sagen. Sie atmen den naiven Wachstumsoptimismus der späten Wirtschaftswunderjahre. Und sie gehen von stabilen Unternehmen aus. Beim heutigen Innovationstempo, das gerade mittelständischen Unternehmen zusetzen kann, bedeutet eine Beteiligung am Unternehmen für die Arbeitnehmer auch eine Häufung von Risiken: Geht die Firma pleite, verlieren sie nicht nur ihren Arbeitsplatz, sondern auch ihr Vermögen. Rosenthal wusste weder, was Globalisierung, noch, was Digitalisierung ist. Aber vieles hätte funktioniert, und ganz sicher würde das Land heute anders über Ungleichheit diskutieren, hätte man damals den Unternehmer / Staatssekretär Rosenthal machen lassen. Jedenfalls ist es jetzt an der Zeit, Rosenthals Ideen wieder aufzunehmen. Sein Prinzip ist bis heute richtig und geht weit über eine simple Sparförderung oder die bisher üblichen vermögenswirksamen Leistungen hinaus: Arbeitnehmer können, mit Unterstützung der Arbeitgeber, Anteile an der Wirtschaft erwerben, als direkte Mitarbeiterbeteiligung an dem Unternehmen, in dem sie beschäftigt sind, als Belegschaftsaktien oder als Fondsanteile. Die Begünstigten können erst nach einer längeren Haltefrist auf ihr Vermögen zugreifen, mit 60 etwa, oder im Falle von Arbeitslosigkeit oder zur Gründung eines eigenen Unternehmens. Und gegen das Risiko eines Totalausfalls ließen sich Arbeitnehmerbeteiligungen versichern.

Das Modell hat, aus Sicht der praktischen Politik, nur einen großen Nachteil: Es dauert mehrere Legislaturperioden, bis Erfolge sichtbar werden. Die These heißt trotz allem: Wer die Ungleichheit in Deutschland verringern und den Zusammenhalt stärken will, darf nicht große Vermögen bekämpfen, er muss kleine Vermögen fördern.

## Solidarität ernst nehmen

Zu den vielen vermeintlichen Folgen neoliberaler Politik gehört – wenigstens in der öffentlichen Wahrnehmung – die angeblich drohende Armut im Alter. Angst um die Rente ist ein wichtiger Auslöser antiliberaler Ressentiments. Diese Angst muss man ernst nehmen. Zwar ist die Altersarmut in Deutschland längst nicht so verbreitet, wie Kritiker aus Verbänden und linken Parteien suggerieren. Gegenwärtig bekommen 2,1 Prozent der Menschen im Ruhestand Grundsicherung, weil die staatliche Rente nicht reicht. Dieser Anteil wird etwas steigen, vor allem weil die Agenda-2010-Reformen der rot-grünen Koalition zwar sehr viele Menschen in Arbeit gebracht haben, dies aber zu niedrigen Löhnen beigetragen hat, von denen auch nur geringe Rentenbeiträge abgeführt werden.

Trotzdem kann von einer drohenden massenhaften Altersarmut keine Rede sein.[97]

Richtig ist aber auch, dass das Rentenniveau in Deutschland vergleichsweise niedrig ist. In einer Gesellschaft, in der im Verhältnis immer weniger Junge für immer mehr Alte sorgen müssen, gibt es ein Problem mit der Rente. Die Große Koalition versucht es provisorisch mit «Haltelinien» zu lösen: Bis 2025 soll die Durchschnittsrente nach 45 Beitragsjahren nicht unter 48 Prozent des Durchschnittslohnes sinken. Zweitens sollen die Beiträge nicht über 20 Prozent steigen (derzeit 18,6 Prozent). Was in der Rechnung fehlt, kommt aus der Staatskasse.

Allen Beteiligten ist klar, dass dies keine dauerhafte Lösung sein kann und spätestens 2025 etwas anderes folgen muss. Wie dieses andere aber aussehen soll, ist hoch umstritten. Ein Modell sieht so aus: das gegenwärtige Rentenniveau halten oder noch zu erhöhen, sodass auch kleine Renten unter allen Umständen fürs Leben reichen. Finanziert werden soll das durch höhere Beiträge, steigende Zuschüsse aus dem Bundeshaushalt und unter Umständen durch Umverteilung unter den Beitragszahlern, sodass «Reiche» mehr bezahlen, aber dafür nicht mehr Rente bekommen. Als Vorbild dient das ebenso generöse wie teure Rentensystem Österreichs mit einem Rentenniveau von 92 Prozent, hohen Beiträgen und schnell steigenden Staatszuschüssen. Die Linkspartei und die DGB-Gewerkschaften vertreten das Modell, und sie drängen SPD und Grüne in diese Richtung, durchaus mit einem gewissen Erfolg.

Das Modell Österreich hat ein unübersehbares Charakteristikum: Die Lasten des demographischen Wandels werden einseitig auf die heute aktive Generation verteilt. Die Berufstätigen müssen hohe Beiträge zahlen (derzeit 22,8 Prozent im Vergleich zu 18,6 Prozent in Deutschland), sie müssen länger einzahlen, ehe sie überhaupt Rente bekommen (15 statt fünf Jahre), und die Österreicher insgesamt treten einen höheren Anteil des Steueraufkommens für Subventionen an die Rentenkasse ab (13,8 statt 10,1 Prozent des Bruttoinlandsprodukts). Das Geld fehlt für andere Aufgaben. Daher gilt das österreichische Modell als nicht nachhaltig. Und gegen den Populismus hat es auch nicht geholfen – in Österreich sitzen die Rechtspopulisten in der Regierung.

Eigentlich ist Deutschland seit 2002 auf einem besseren Weg. Damals führten SPD und Grüne die «Riester-Rente» ein, eine staatlich geförderte, kapitalgedeckte Zusatzversorgung zur gesetzlichen Rente. Benannt ist sie nach dem damaligen SPD-Arbeitsminister Walter Riester. Heute würden die meisten Sozialdemokraten und Grünen die Reform am liebsten wieder abschaffen. Die Riester-Rente ist herzlich unbeliebt, vor allem, weil die von Banken und Versicherungen aufgelegten «Riester-Produkte» meist kompliziert und teuer sind und schlechte Renditen bringen. Viele Klagen über Riester sind berechtigt, das System muss einfacher und transparenter werden. Aber der Grundgedanke bleibt richtig: Mit einer kapitalgedeckten Rente lässt sich der Lebensstandard im Alter sichern, ohne die aktive Generation zu überfordern.

Eine interessante Idee wäre etwa der «Deutschland-Fonds», den die schwarz-grüne Landesregierung in Hessen vorgeschlagen hat. Danach wird ein einfacher und mit geringen Kosten verwalteter Aktienfonds eingerichtet, in den jeder Bürger im Laufe seines aktiven Lebens investieren und über den jeder sich am Wachstum der Wirtschaft beteiligen kann.

Bei allem geht es, wie einst bei Philip Rosenthal, auch um die Werte einer freien Gesellschaft: um den Ausgleich der Interessen zwischen den Generationen und das Verhältnis von Selbstbestimmung und Solidarität. Es gibt die gesetzliche Rente als wichtigste Säule der Altersvorsorge, es gibt eine private Säule, über die man weitgehend selbst bestimmt. Menschen, deren Rente fürs Leben nicht reicht, bekommen eine Aufstockung aus der Grundsicherung – ein Akt der Solidarität, dessen Begünstigte nicht stigmatisiert werden sollten.

Dem demographischen Dilemma kann eine alternde Gesellschaft nicht entkommen: Immer weniger Junge müssen immer mehr Alte unterstützen. Soll dies nicht in einem umfassenden Versorgungsstaat enden, ist eine praktikable Lösung nötig. Dabei sollte die Altersvorsorge aus drei Elementen bestehen: gesetzliche Rente, private, aber staatlich geförderte Vorsorge und solidarische Ergänzung für kleine Renten.

## Hartz IV reformieren, nicht abschaffen

Seit Jahren wird in Deutschland erbittert über Bundeskanzler Gerhard Schröders «Agenda 2010» gestritten. Die Reformen haben maßgeblich zum Niedergang der SPD als Volkspartei beigetragen. Erst war es die Einführung der Reformen selbst, die die Partei erschütterte und zur Abspaltung eines Teils des linken Flügels führte. Dann folgten das verheerende Einknicken vor den Kritikern der Reform, das Zurückweichen, die Unentschiedenheit und die Unfähigkeit, die Erfolge der Agenda 2010 für sich zu reklamieren. Diese Erfolge sind eigentlich unübersehbar: Die Langzeitarbeitslosigkeit in Deutschland ist entscheidend zurückgegangen, der Trend zu einer sich immer mehr verfestigenden Massenarbeitslosigkeit, der zu Beginn des Jahrtausends noch unausweichlich erschien, ist gebrochen. Trotzdem bleiben die Reformen extrem unpopulär. Selten wurde eine Partei so sehr für einen Erfolg bestraft.

Was die Anhänger der SPD, die Gewerkschaften und die Linke empört, ist das neue Arbeitslosengeld II, «Hartz IV». Es wird im Gegensatz zu früheren Transferleistungen nicht mehr bedingungslos gezahlt. Wer Hartz IV bezieht, muss regelmäßig in der Arbeitsagentur erscheinen und braucht sehr gute Gründe, wenn er einen Job ablehnt, der ihm angeboten wird. Hat er diese nicht, muss er damit rechnen, dass ihm die Zuwendung in einem ersten Schritt um 30 Prozent gekürzt wird. Viele Betroffene empfinden diese Sanktionen als willkürlich, bürokratisch und menschenfeindlich. Das Sozialgericht Gotha hält die Sanktionen bei Hartz IV sogar für verfassungswidrig und leitete einen entsprechenden Beschluss an das Bundesverfassungsgericht weiter.

Nun gibt es im Hartz-IV-System sicher Reformbedarf: Die Verwaltung in den Arbeitsagenturen muss einfacher werden. Das «Schonvermögen», das jemand behalten kann, ehe er Geld von der Arbeitsagentur bekommt, ist zu gering bemessen. Die Interessen der Kinder von Hartz-IV-Empfängern müssen besser gewahrt werden. Aber es wäre fatal, würde man die Sanktionen bei Hartz IV ganz abschaffen, so wie dies etwa die Linkspartei, einige Gewerkschaften und Sozialverbände fordern. Zunächst ganz pragmatisch: Studien zeigen, dass Leistungsbezieher eher bereit sind, eine Arbeit aufzunehmen, wenn ihnen Sanktionen drohen.[98] Das betrifft vor allem Jugendliche und junge Erwachsene in prekären Verhältnissen. Sanktionen können verhindern, dass jemand Arbeitslosengeld II als eine Art leistungsloses Gehalt betrachtet.

Es geht aber noch um etwas Grundsätzliches – um richtig verstandene Solidarität in einer freien Gesellschaft. Wer aus eigener Kraft seinen Lebensunterhalt nicht bestreiten kann, hat Anspruch auf die Solidarität der Gesellschaft, und zwar unabhängig davon, ob er an dem Zustand selber Schuld trägt oder nicht. Die Gesellschaft ihrerseits hat den ebenso berechtigten Anspruch an ihn, dass er alles unternimmt, um seine Abhängigkeit zu beenden. Es ist ein einfacher Zusammenhang, der zu oft in Vergessenheit gerät: Wer Leistungen aus dem Staatshaushalt bezieht, lässt andere für sich zahlen – und er sollte dies nicht länger tun als unbedingt nötig. Das ist die Logik hinter den Hartz-IV-Sanktionen. Ohne diese werden Arbeitslose schnell zu Untertanen in einem obrigkeitlichen Versorgungsstaat, der abhängig macht und gleichzeitig immer ungenügend ist und dafür gehasst wird. Ein Stück weit war die Entwicklung in diese Richtung bereits gediehen, als die Agenda 2010 beschlossen wurde. Es ist wichtig, dass Deutschland nicht zu diesem Zustand zurückkehrt.

Eine freie Gesellschaft braucht keinen Versorgungsstaat, sondern einen zielgenauen Sozialstaat, der auch dann eingreifen kann, wenn der wirtschaftliche Wandel zu unerwarteten Umbrüchen in der Gesellschaft führt.

## Einwanderung liberal und pragmatisch regeln

Kein anderes Thema nährt so sehr antiliberale Ressentiments wie das von Einwanderung, Flucht und Asyl. Dies gilt für ein postkommunistisches Land wie Ungarn ebenso wie für Deutschland oder die Vereinigten Staaten, eigentlich ein klassisches Einwandererland. Mit der starken Zuwanderung verbunden sind aufseiten der Einheimischen Gefühle wie Kontroll- und Heimatverlust; sie lösen Abwehrreaktionen aus. Wer eine freie, offene Gesellschaft will, muss diese Angst vor der Zunahme des Fremden ernst nehmen und Einwanderung durch klare Gesetze regeln. Ein Einwanderungsgesetz ist daher unabdingbar. Zu den positiven Entwicklungen in Deutschland gehört es, dass dies unter den demokratischen Parteien im Prinzip nicht mehr strittig ist. Die AfD ist mit ihrer Position – «über mehrere Jahre eine Minuszuwanderung» – weitgehend isoliert. Was im wohlmeinenden Teil der Öffentlichkeit noch fehlt, ist die Erkenntnis, dass das bedingungslose «Refugees are welcome here» keine Lösung für eine Gesellschaft sein kann. Es liefe darauf hinaus, dass jeder Mensch auf der Erde sich das Land aussuchen kann, in dem er leben möchte, wenn er nur den Status des Flüchtlings für sich reklamiert. Das ist illusorisch, weil die für Migranten besonders attraktiven Sozialstaaten Europas angesichts des Zustroms wirtschaftlich und gesellschaftlich überfordert wären. Eine Ahnung davon liefern die gesellschaftlichen und politischen Brüche in Schweden, einem Land, das bisher eine besonders generöse Einwanderungspolitik betrieben hat.

Ein Einwanderungsgesetz muss im Prinzip zwischen drei Kategorien unterscheiden: politische Flüchtlinge, die laut Grundgesetz politisches Asyl beantragen können. Kriegsflüchtlinge, die für die Dauer des Krieges Zuflucht in Deutschland erhalten, nach dessen Ende das Land aber verlassen müssen. Und schließlich Arbeitsmigranten, bei deren Einwanderung die Aufnahmefähigkeit und der Bedarf des deutschen Arbeitsmarktes ausschlaggebende Kriterien sind. Ein Modell dafür ist das kanadische Punktesystem, das die FDP auch für Deutschland vorschlägt. Danach können Menschen, die einwandern wollen, Punkte sammeln, etwa wenn sie Sprachen beherrschen oder eine gute Ausbildung vorweisen können. Das wirkt als Anreiz für potenzielle Zuwanderer, es liegt in deren Interesse und in dem des Einwanderungslandes. Es gehört auch zu einer liberalen Einwanderungspolitik, dass Asylbewerber bereits arbeiten dürfen, während ihr Antrag geprüft wird. Sollte der Antrag abgelehnt werden, der Asylbewerber aber gut qualifiziert und mit positiver Perspektive in den Arbeitsmarkt integriert sein, würde er bleiben dürfen. Wenn nicht, müsste er Deutschland wieder verlassen. In diesem Fall hätte der Staat die Entscheidung konsequent durchzusetzen.

Dem gesellschaftlichen Klima täte es auch gut, wenn die Debatte über Migration die enge deutsche oder europäische Perspektive verließe. Migration kann mit viel Glück die Probleme der Migranten lösen und im Idealfall in dem Land, in das sie immigrieren, den Wohlstand mehren. Migration löst aber nicht die Probleme der Herkunftsländer, im Gegenteil: Es verschärft diese Probleme, weil junge Männer im besten Alter ihrem Land und seiner Wirtschaft verloren gehen. Das lässt sich gut an der Migration innerhalb der EU von Ost- nach Westeuropa zeigen. Die Arbeitskräfte aus Polen, Tschechien,

Bulgarien und anderen Ländern haben in Deutschland und Österreich zum Wachstum beigetragen, in ihrer Heimat hat die Migration jedoch den Fachkräftemangel dramatisch verschärft.[99] Das gilt im Prinzip für jede Arbeitsmigration.

Wichtig ist der Perspektivwechsel in der Migrationspolitik auch noch aus einem anderen Grund. Nach Schätzungen des Flüchtlingshilfswerks der Vereinten Nationen UNHCR gibt es derzeit 68,5 Millionen Migranten, die unfreiwillig ihre Heimat verlassen haben, durch Krieg, Bürgerkrieg oder weil sie verfolgt werden und keine wirtschaftliche Zukunft mehr sehen. Die Öffentlichkeit in Europa und Nordamerika interessiert sich aber nur für jene, die auf ihrer Flucht in den Industrieländern landen. Die britischen Autoren Alexander Betts und Paul Collier schreiben: «Heute gibt die Welt schätzungsweise 75 Milliarden Dollar im Jahr für jene zehn Prozent (der Flüchtlinge) aus, die in entwickelte Länder kommen, und nur ungefähr fünf Milliarden davon für die 90 Prozent, die in den sich entwickelnden Regionen bleiben.»[100] Aus globaler Sicht ist die Flüchtlingspolitik, so wie sie heute betrieben wird, Verschwendung. Besser wäre es, den Flüchtlingen effektiv zu helfen, die in der Nähe ihrer Heimatländer leben müssen. Eine offene Gesellschaft braucht eine humane, aber pragmatische Migrationspolitik, mit klaren Regeln, die auch die eigenen Interessen klarmachen.

### Globalisierung verteidigen und gestalten

Gesellschaftliche, politische und wirtschaftliche Freiheit gehören zusammen. Diese liberale Überzeugung begründete den Erfolg des Westens in der Welt. Sie verband auch die Gründer, die nach 1949 die Soziale Marktwirtschaft in der Bundesrepublik Deutschland aufbauten. Daran zu erinnern, ist wichtig in einer Zeit, in der Digitalisierung und Globalisierung gewohnte Sicherheiten in Frage stellen wie noch nie und in der die populistische Versuchung so gut wirkt: das unhaltbare Versprechen, man könne die Probleme am besten innerhalb nationaler Grenzen lösen.

Die liberalen Grundsätze werden von allen Seiten in Frage gestellt. Es sind nicht nur linke Globalisierungskritiker, die behaupten, die «neoliberale» Globalisierung sei schuld am Elend der Menschen. Im Weißen Haus sitzt mit Donald Trump ein erklärter Gegner dieser Globalisierung. Er nutzt die wirtschaftliche Macht der Vereinigten Staaten für protektionistische Angriffe auf Handelspartner. Die amerikanische Linke, sonst im Abwehrkampf gegen Trump, unterstützt ihn de facto hier. Der sozialistische Demokrat Bernie Sanders ist genauso protektionistisch wie der Präsident. Der Aufstieg Chinas und dessen aggressives Auftreten auf internationaler Bühne fordern den Westen nicht nur wirtschaftlich, sondern auch ideologisch heraus. Plötzlich erscheint es möglich, dass ein autokratisch regiertes, illiberales Land wettbewerbsfähiger ist als die liberalen Demokratien des Westens. Darauf ist eine liberale Antwort nötig.

Der naive Glaube an die Globalisierung als eine Bewegung, die quasi naturgesetzlich voranschreitet und für die man nur Regeln finden muss, ist verschwunden. Die Weltmärkte werden wieder zum Feld knallharter Interessenpolitik, vor allem der Vereinigten Staaten und Chinas. Dabei wirken die technischen und ökonomischen Kräfte hinter der Globalisierung mit unverminderter Wucht. Die großen Konzerne des digitalen Zeitalters – Apple, Amazon, Facebook, Google, Microsoft – haben ihren Firmensitz in Amerika, es sind aber globale Konzerne. Ihre nächsten Konkurrenten dürften chinesischen Ursprungs sein. Kommunikation ist längst global und nicht auf die Wohlhabenden beschränkt. Kaum ein junger Mann, der als Flüchtling nach Europa käme und kein Smartphone bei sich hätte, mittels dessen er Kontakt zu seiner Familie in Syrien, Eritrea oder anderswo hält.

Die wirtschaftlichen Großmächte China und, seit dem Amtsantritt von Trump, die Vereinigten Staaten wollen die Globalisierung im eigenen Interesse nutzen, dabei aber möglichst keine Regeln akzeptieren. Für Europa ändert sich damit viel. Zum Beispiel bei Investitionen. Eigentlich sind grenzüberschreitende Investitionen ein selbstverständlicher Bestandteil der Globalisierung. Wenn BMW eine Fabrik im US-Bundesstaat South Carolina mit 10 000 Beschäftigten baut, dann nutzt das Amerika, es nutzt aber auch dem deutschen Unternehmen und seinem Heimatland, weil das Werk in den USA es BMW leichter macht, als globaler Anbieter aufzutreten. Wenn aber deutsche Autobauer gezwungen werden, Fabriken in Amerika zu bauen, nur um amerikanische Strafzölle zu vermeiden, dann werden diese Investitionen zu einem Instrument im Handelskrieg. Ihre Logik ist nicht mehr betriebswirtschaftlich, sondern machtpolitisch.

Noch kritischer ist die Lage bei chinesischen Investitionen in Europa. Ausländer sollten natürlich ein deutsches oder ein europäisches Unternehmen kaufen können. Die Nationalität des Käufers spielt keine Rolle. Wenn aber chinesische Investoren auftreten, wie beim deutschen

Roboter-Hersteller KUKA, dann sind die Eigentümer-verhältnisse oft unklar. Man muss damit rechnen, dass die Käufer vom chinesischen Staat gelenkt werden. Unter dem Markenzeichen «Neue Seidenstraße» verfolgt die chinesische Führung eine aggressive geopolitische Strategie, um in Asien, Afrika und Europa wirtschaftlichen und politischen Einfluss zu gewinnen. Grenzüberschreitende Investitionen sind vor diesem Hintergrund nicht mehr so harmlos, wie man bisher glaubte. Dazu passt, dass ausländische Investoren in China selbst nur sehr eingeschränkt Firmen kaufen können und bis heute zumindest einen chinesischen Partner brauchen.

Deutschland als Handelsnation und Europa insgesamt müssen im wohlverstandenen Eigeninteresse um die Zukunft der liberalen Globalisierung kämpfen. Das bedeutet zunächst eine enge Zusammenarbeit mit den Staaten, die an den liberalen Grundsätzen festhalten wollen. Das Freihandelsabkommen Ceta mit Kanada ist ein wichtiger Schritt. Ihm sollte das bereits unterzeichnete Abkommen mit Japan (Jefta) folgen. Das Verfahren für die Planung, Verhandlung und Durchsetzung von Handelsabkommen muss allerdings wesentlich transparenter werden, um die Unterstützung der Bevölkerung und politische Mehrheiten für solche Abkommen zu gewinnen. Gleichzeitig muss die EU geschlossen auftreten, um protektionistische Attacken aus den USA und anderen Ländern abzuwehren. Deutschland als Exportnation muss dabei im Bewusstsein handeln, dass diese Geschlossenheit in Europa ein hohes Gut ist und die Deutschen am meisten zu verlieren haben, wenn sie verloren geht. Deutschland allein hat keine Durchsetzungsmacht gegen China und Trumps Amerika, wohl aber Europa.

Das Projekt Europa retten

Das liberale Projekt par excellence nach dem Zweiten Weltkrieg war die europäische Einigung. Die Annäherung zunächst zwischen Frankreich und Deutschland, den vermeintlichen Erbfeinden, und die schrittweise Öffnung der Grenzen überall hat dem Kontinent Freiheit und Frieden gebracht. Dabei war das Projekt – in den Anfängen unter dem Begriff «Europäische Wirtschaftsgemeinschaft (EWG)» – unter Liberalen durchaus umstritten. Wilhelm Röpke, einer der Teilnehmer des Lippmann-Kolloquiums von 1938, verurteilte scharf die «Ökonomokraten», die in der EWG angeblich herrschten. Ludwig Erhard, der Vater des westdeutschen Wirtschaftswunders, akzeptierte die Gründung der EWG zusammen mit Frankreich, Italien und den Beneluxstaaten nur widerwillig. Ihm wäre eine umfassende Freihandelszone lieber gewesen, die alle Staaten Europas umfasst hätte. Inzwischen gibt es das, was sich Erhard vorstellte, längst – innerhalb der Europäischen Union. Die Klagen über Röpkes «Ökonomokraten» (heute sagt man: «Eurokraten») gibt es zwar immer noch. Aber niemand kann ernsthaft bezweifeln, dass der Einigungsprozess Europas die politische und wirtschaftliche Freiheit in einem Maße gefördert hat, wie sich das bei Gründung der EWG 1957 niemand vorstellen konnte.

Doch diese EU befindet sich in einer tiefen Sinnkrise. Der Grund für den Einigungsprozess – der Zweite Weltkrieg – ist weit weg, der Frieden in Europa, zumindest der in Westeuropa, gilt als selbstverständlich. Dafür verunsichern und empören die Euro-Krise und die ungelösten Fragen der Migration die Menschen. Die europäische Einigung erscheint vielen als Projekt einer abgehobenen

Elite, Hass auf die EU ist in vielen Ländern salonfähig geworden. Gravierendster Ausdruck der Sinnkrise Europas ist der Brexit: Die Mehrheit der Wähler im Vereinigten Königreich entschied sich für den Austritt aus der EU, obwohl dessen wirtschaftliche Schäden von Anfang an absehbar waren. Italien, früher einmal eines der EU-freundlichsten Länder des Kontinents, wird von einem europafeindlichen Bündnis aus Rechts- und Linkspopulisten regiert. Das Europäische Parlament, einst mit vielen Hoffnungen gegründet, dient heute den Europafeinden als Bühne. Die Gemeinschaft der 27 EU-Mitglieder wirkt oft nur noch desolat. Vertreter der nationalistischen Rechten stellen die EU als kollektivistisches Konstrukt dar.

Dabei wird ein liberales, handlungsfähiges Europa heute mehr gebraucht denn je. Die Krise der Globalisierung, die Migrationskrise, der Aufstieg Chinas, die Aggressivität Russlands und der Ausfall der Vereinigten Staaten als Führungsmacht des Westens – mit alldem sind die Nationalstaaten überfordert. Die EU jedoch kann als globaler Spieler auftreten. Worauf es nun ankommt, ist ein aufgeklärter Pragmatismus. Für das seit 1983 offizielle Ziel der EU, eine immer engere Gemeinschaft («an ever closer union») anzustreben, gibt es in den meisten Ländern keine Mehrheit. Es bleibt auch enthusiastischen Europäern nichts anderes übrig, als dies als Faktum zu Kenntnis zu nehmen und erst einmal die drängenden Probleme der Gegenwart zu lösen: die Durchsetzung europäischer Interessen in der Handelspolitik, den Euro krisenfest machen, der Aufbau einer gemeinsamen Sicherheitspolitik und die Sicherung der Außengrenzen der EU, der Kampf gegen antidemokratische Tendenzen innerhalb Europas.

Einige Fehler sind heute nicht mehr zu korrigieren, zum Beispiel, dass Griechenland zu früh den Euro eingeführt hat, was Hauptursache des wirtschaftlichen Zusammenbruchs des Landes nach 2010 war.

Notwendig wäre, dass das Europa-Parlament zu einem echten Parlament wird mit länderübergreifenden Listen, mit uneingeschränktem Haushaltsrecht und dem Recht, die komplette Kommission zu bestätigen oder abzulehnen und Gesetze auf den Weg zu bringen. Das wäre der wichtigste Schritt, um die EU zu demokratisieren. Die EU müsste das Subsidiaritätsprinzip konsequent umsetzen und nur die Aufgaben übernehmen, die europaweit gelöst werden müssen – Handels- und Sicherheitspolitik etwa –, und die Alltagsfragen den Nationalstaaten überlassen. Schließlich sollte es ein Europa der zwei Geschwindigkeiten geben – Staaten, die mehr nationale Souveränität behalten wollen, sollen jene, die eine engere Integration haben wollen, nicht davon abhalten können.

Es gehe in einem liberalen Europa darum, «rationale und praktische Lösungen für die realen Probleme von Ungleichheit und Unsicherheit zu finden», die durch das Zusammenwachsen der Welt entstanden seien, schreibt der liberale britische Historiker und Publizist Timothy Garton Ash.[101] Die Liberalen müssten Wege finden, «um mit dem tief sitzenden emotionalen Bedürfnis nach Gemeinschaft und Identität umzugehen, das die Populisten ausbeuten». Man dürfe «die Nation nicht den Nationalisten überlassen», ein «staatsbürgerlicher Patriotismus» sei nötig.

# Frei reden

Die Freiheit ist in Gefahr. Nicht durch eine unmittelbar drohende Diktatur, natürlich nicht, zumindest nicht in den westlichen Demokratien Europas. Wohl aber durch Desinteresse, Wegsehen, Schweigen, durch die Verdrehung der Fakten unter dem Vorwand des Strebens nach sozialer Gerechtigkeit und – vor allem anderen – durch die Toleranz gegenüber der Intoleranz. Es ist beängstigend, wie widerstandslos illiberale Bewegungen in Osteuropa ihren Aufstieg organisieren konnten. Inzwischen hat die EU-Kommission immerhin die rechtspopulistische Regierung Polens vor dem Europäischen Gerichtshof wegen deren Angriffe auf die Unabhängigkeit der Gerichte verklagt, die europäische Zivilgesellschaft jedoch lässt die belagerte polnische Öffentlichkeit weitgehend allein. In Deutschland wird für alles Mögliche demonstriert, aber nicht für Polens Freiheit. Ähnlich ist es mit den Angriffen auf die Pressefreiheit in Viktor Orbáns Ungarn. Die werden im Rest Europas einfach hingenommen. Unterdessen wächst die Verführungskraft autoritären Denkens auch in Deutschland, wie die Wahlen des Jahres 2018 gezeigt haben. In Großbritannien hat die traditionsreiche Labour Party den linksradikalen Jeremy Corbin zum Vorsitzenden gewählt, der immer wieder durch antisemitische Ausfälle von sich reden macht. Im Februar 2019 sind aus diesem Grund sieben Abgeordnete aus der Labour-Fraktion angetreten.

Man muss wieder für die Freiheit kämpfen. Der erste und vielleicht wichtigste Schritt dabei ist die Rückeroberung des öffentlichen Raumes. Die Deutschen müssen ihre Filterblasen verlassen, die ihnen das Internet so bequem liefert und in denen sie nur auf Meinungen treffen, die der eigenen ähneln. Das ist eine Aufgabe für unabhängige Journalisten und für Qualitätsmedien. Die Freiheit hat dann eine Chance, wenn Menschen mit unterschiedlichen Ansichten wieder miteinander reden, offen und in gegenseitigem Respekt. «Der Liberalismus ist auch eine Haltung – eine Haltung der Demut, der Offenheit und des Respekts vor anderen Menschen», schreibt die liberale Ökonomin und Journalistin Karen Horn.[102]

Für die Freiheit zu kämpfen heißt auch, Widerstand gegen die Intoleranz zu leisten. Es bedeutet, sich jeder Identitätspolitik zu verweigern, nach der es wichtiger ist, woher jemand kommt, welches Geschlecht der oder die Betreffende hat, oder welcher Religion jemand angehört, als das, was er tut oder denkt oder sagt. Es geht dem Liberalismus nicht um Gruppen, sondern um den Einzelnen. Dessen Rechte müssen gewahrt werden, er braucht notfalls den Schutz des Staates gegen Ansprüche und Übergriffe von Kollektiven. Das ist der Kern eines liberalen Gemeinwesens.

In Zeiten wie diesen erfordert es Mut, gegen die Angst und die Angstmacher anzugehen und für liberale Ideale einzutreten. Es wäre gut für das Land, wenn mehr Menschen in Deutschland diesen Mut fänden.

# ANMERKUNGEN

1 Albert Camus: Brot und Freiheit, in: Ders., Fragen der Zeit, Reinbek 1977, S. 77.

2 Yoram Hazony: The Virtue of Nationalism, New York 2018.

3 Zum Beispiel: Christoph Butterwegge u. a.: Kritik des Neoliberalismus, Wiesbaden 2017.

4 John Stuart Mill: On Liberty / Über die Freiheit. Englisch / Deutsch, übersetzt von Bruno Lemke, Stuttgart 2009, S. 54 f.

5 Walter Lippmann: The Good Society, Guildford 1938, S. 20.

6 Alain de Benoist: «Meinetwegen bin ich ein rechter Linker», in: *Junge Freiheit*, 27. 4. 2012.

7 Manuel Funke, Christoph Trebesch, Moritz Schularick: «Going to Extremes: Politics after Financial Crises, 1870–2014», in: *European Economic Review 9* (2016), S. 227–260.

8 Jurgen Reinhoudt und Serge Audier: The Walter Lippmann Colloquium, Cham 2018.

9 Die Darstellung des Kolloquiums folgt im Wesentlichen dem Band von Reinhoudt/Audier.

10 Friedrich A. v. Hayek: Die Verfassung der Freiheit, Tübingen 1911 (3. Auflage), S. 38.

11 Alexander Rüstow: Freie Wirtschaft, starker Staat. Rede auf der Jahrestagung des Vereins für Socialpolitik 1932, zit. nach Hans-Werner Sinn: «Neoliberalismus – Wettbewerb mit Regeln und einem starken Staat», in: Ordnungspolitik quo vadis?, Berlin 2011.

12 Bernhard Walpen: Die offenen Feinde und ihre Gesellschaft. Eine hegemonietheoretische Studie zur Mont Pèlerin Society, Hamburg 2004, S. 17.

13 Hermann Ploppa: Die Macher hinter den Kulissen. Wie transatlantische Netzwerke heimlich die Demokratie unterwandern, Frankfurt am Main 2014.

14 Herbert Marcuse: Der eindimensionale Mensch, Neuwied 1967, S. 70.

15 Bundesministerium der Finanzen: Monatsbericht 12 (2018), Übersichten zur finanzwirtschaftlichen Entwicklung.

16 Robert Skidelsky: John Maynard Keynes. The Economist as Savior 1920–1937, New York 1992, S. 21.

17 Ignacio Ramonet: «Désarmer les marchés», in: *Le Monde Diplomatique* 12 (1997).

18 Attac: «Aktiv gegen neoliberale Handelsabkommen», Aufruf zur Strategie- und Aktionskonferenz in Frankfurt am Main, 14. 6. 2018.

19 Christian Reiermann und Michaela Schießl: «Die missbrauchen meinen Namen». Interview mit James Tobin, in: *Der Spiegel*, 3. 9. 2001.

20 Friedrich Gehring: Rede am 16. 1. 2012 in: https://www.bei-abriss-aufstand.de/, abgerufen am 13. 1. 2019.

21 Alain de Benoist: Am Rande des Abgrunds. Eine Kritik der Herrschaft des Geldes, Berlin 2012.

22 Karl-Heinz Weißmann: «Alain de Benoist kritisiert den Mammon ... und beantwortet ein paar Fragen dazu», in: *Sezession* 46 (Februar 2012), S. 33.

23  ASH-Pressemitteilung: «Alice Salomon Hochschule Berlin saniert ihre Südfassade», Berlin 18.9.2018.

24  Anna Lena Mösken: «Politische Korrektheit. Die neue Intoleranz an Berliner Universitäten», in: *Berliner Zeitung*, 12.11.2017, abgerufen am 30.1.2019.

25  Mill, Über die Freiheit, S.20f.

26  Kelsey Sutton: «Pew Study: Fox News was No.1 news source – for Trump voters», in: *Politico*, 18.1.2017, abgerufen am 30.1.2019.

27  Ryan W. Miller: «Poll: Almost a third of US voters think a second civil war is coming soon», in: *USA Today*, 28.6.2018.

28  Emily Shire: «Brown Students Shut Down Trans Activist's Speech – Because of Israel», in: *Daily Beast*, 25.3.2016, abgerufen am 30.1.2019.

29  Walter Lippmann: Liberty and the News, Princeton 2008, S.4.

30  Jürgen Leinemann und Cordt Schnibben: «Cool bleiben, nicht kalt». Interview mit Hanns Joachim Friedrichs, in: *Der Spiegel*, 27.3.1995.

31  «Verschwörungstheorie: Zwei Drittel der Russen glauben an eine geheime Weltregierung», in: *stern.de*, 22.7.2018, abgerufen am 30.1.2019.

32  Gabriele Nandlinger unter Mitarbeit von Nadja Müntsch: «Braune Theorieschulen im Umfeld der NPD», für bpb.de (Bundeszentrale für politische Bildung), 8.1.2008, abgerufen am 30.1.2019.

33  Aktionsbündnis «Grenzenlose Solidarität statt G20», Aufruf zur Großdemonstration am 8.7.2017 auf interventionalistische-linke.org, abgerufen am 30.1.2019.

34  Ijonna Mangold: «Es ist ja nur ein Twingo», in: *Die Zeit*, 13.7.2017.

35  Lippmann, Liberty and the News, S.32.

36 Adam Smith: Der Wohlstand der Nationen. Eine Untersuchung seiner Natur und seiner Ursachen, übersetzt von Horst Claus Recktenwald, München 1974, S. 17.

37 Papst Franziskus: Apostolisches Sendschreiben Evangelii Gaudium, Rom 2013, Ziff. 188.

38 Herbert Giersch: Marktwirtschaftliche Perspektiven für Europa: das Licht im Tunnel, Düsseldorf 1993, S. 14.

39 Werner Sombart: Deutscher Sozialismus, Berlin 1934, S. 318.

40 «Schluss mit Wachstum Wachstum Wachstum», in: *Zeit Online*, 17. 9. 2018, abgerufen am 30. 1. 2019.

41 Chris Isidore: «US ends TARP with $ 15.3 profit», in: *CNN Money*, 19. 12. 2014, abgerufen am 30. 1. 2019.

42 Reporter ohne Grenzen: «NetzDG führt offenbar zu Overblocking», Pressemitteilung, Berlin 27. 7. 2018.

43 Naomi Klein: Die Entscheidung: Kapitalismus vs. Klima, Frankfurt am Main 2016.

44 Autorenkollektiv: Einführung in die Politische Ökonomie des Kapitalismus, Frankfurt am Main 1973, S. 411.

45 Lippmann, Good Society, S. 22 f.

46 «Wie steht es um die Gerechtigkeit in Deutschland?», in: *ndr.de*, 18. 9. 2018, abgerufen am 23. 10. 2018.

47 Ulrich Schneider: Kein Wohlstand für alle!? Wie sich Deutschland selber zerlegt und was wir dagegen tun können, Frankfurt am Main 2017.

48 https://www.aufstehen.de/gruendungsaufruf/, abgerufen am 25. 10. 2018.

49 Georg Cremer: Deutschland ist gerechter als wir meinen. Eine Bestandsaufnahme, München 2018, S. 9.

50 Lippmann, Good Society, S. 295.

51 Milton Friedman und Rose Friedman: Chancen, die ich meine, Berlin 1980, S. 153.

52  Zahlen dazu im World Inequality Report, World Inequality
    Lab 2018, url: https://wir2018.wid.world/.

53  Markus M. Grabka und Jan Goebel: Realeinkommen sind
    von 1991 bis 2014 im Durchschnitt gestiegen – erste Anzei-
    chen für wieder zunehmende Einkommensungleichheit,
    in: DIW Wochenbericht 4 (2017), url: https://www.diw.de/
    documents/publikationen/73/diw_01.c.550894.de/17-4-1.
    pdf; zur Diskussion der Ergebnisse: Cremer, Deutschland
    ist gerechter als wir meinen, S. 34 ff.

54  Ebd., S. 37.

55  Christian Wernicke: «Chef der Essener Tafel: ‹Ich wür-
    de mich wieder so entscheiden›», in: *süddeutsche.de*,
    11. 4. 2018, abgerufen am 30. 1. 2019.

56  Cremer, Deutschland ist gerechter als wir meinen, S. 40.

57  Deutsche Bundesbank: Die Studie zur wirtschaftlichen
    Lage privater Haushalte (PHF), 12. 2. 2018, Frankfurt am
    Main, S. 40.

58  European Central Bank: The Household and Consumption
    Survey, Statistical Paper Series 18 (Dezember 2016), Frank-
    furt am Main S. 120, url: https://www.ecb.europa.eu/pub/
    pdf/scpsps/ecbsp18.en.pdf.

59  Hans-Böckler-Stiftung: «Stolperfalle Schuldenbremse», in:
    *Böckler Impuls Ausgabe* 01 (2009), url: https://www.boeck
    ler.de/pdf/impuls_2009_01_gesamt.pdf.

60  European Central Bank, The Household, S. 120.

61  Hauseigentümerverband Schweiz (HEV Schweiz), Wohn-
    eigentum in Zahlen 2016, url: https://www.hev-schweiz.ch/
    fileadmin/sektionen/hev-schweiz/PDFs_Dateien/Jahres
    berichte/HEV_Leporello_2016.pdf.

62  Timm Bönke u. a.: «The Joint Distribution of Net Worth
    and Pension Wealth in Germany», in: *SOEP Papers* 853,
    Berlin 2016, S. 4.

63 Smith, Der Wohlstand der Nationen, S. 748.

64 Statistisches Bundesamt: «19,7 % der Bevölkerung Deutschlands von Armut oder sozialer Ausgrenzung bedroht», Pressemitteilung Nr. 392, 8. 11. 2017.

65 Cremer, Deutschland ist gerechter als wir meinen, S. 81.

66 «Bis zu 10 000 Obdachlose leben in Berlin», in: *BZ*, 16. 7. 2018, url: https://www.bz-berlin.de/berlin/bis-zu-10000-obdachlose-leben-in-berlin, abgerufen am 30. 10. 2018.

67 Dorothee Spannagel: «Dauerhafte Armut und verfestigter Reichtum», WSI-Verteilungsbericht 2018, Nr. 43, Düsseldorf 2018.

68 Schneider, Kein Wohlstand für alle!?

69 Bundesministerium für Arbeit und Soziales: Sozialbudget 2017 (Juni 2017), S. 8.

70 Bundesagentur für Arbeit: Arbeitsmarkt im Überblick – Die aktuellen Entwicklungen in Kürze, Dezember 2018.

71 Amtliche Nachrichten der Bundesagentur für Arbeit (ANBA), 52. Jg. (2004), Sondernummer vom 15. 7. 2004, S. 17.

72 Friedrich Hayek: Der Weg zur Knechtschaft, München 1971, S. 60.

73 Grundsatzprogramm der Sozialdemokratischen Partei Deutschlands von 1959, S. 13.

74 Otto Schlecht: Grundlagen und Perspektiven der Sozialen Marktwirtschaft, Tübingen 1990, S. 46.

75 Die Linke: Sozial gerecht. Frieden. Für alle. Wahlprogramm zur Bundestagswahl 2017.

76 Leander Scholz: «Riskante Vielfalt», in: *Süddeutsche Zeitung*, 31. 10. 2018.

77 Näheres unter https://www.grundeinkommen.de/

78 Sabine Kämper: «Blühende Landschaften», in: *Chrismon*, 1. 2. 2009.

79  International Organization for Migration: World Migration Report 2018, Genf, S. 15.

80  Friedrich Engels: Die Lage der arbeitenden Klasse in England, München 1973, S. 145 f.

81  «The Economist at 175. Reinventing Liberalism for the 21st Century», in: *The Economist*, 15.9.2018.

82  Ernest Renan: «Qu'est-ce qu'une nation?», Rede an der Sorbonne, 11.3.1882, Paris 1997.

83  Meera Jamal: «Die Angst flieht mit», in: *Süddeutsche Zeitung*, 2.3.2017.

84  Abdel-Hakim Ourghi: Reform des Islam, 40 Thesen, München 2018.

85  Armin Käfer: «Islamverbände wehren sich gegen kritischen Professor», in: *Stuttgarter Zeitung*, 29.4.2018.

86  Ourghi, Reform des Islam, S. 226.

87  Ruud Koopmans im Gespräch mit Liane von Billerbeck: «Multikulti schadet den Zuwanderern», in: *Deutschlandfunk Kultur*, 10.8.2017.

88  https://www.nrc.nl/nieuws/1994/01/22/rabbae-niet-tegen-verbod-boek-rushdie-7211061-a1200362, abgerufen am 11.11.2018.

89  Cem Özdemir: Berliner Rede zur Integrationspolitik beim Berliner Institut für empirische Integrations- und Migrationsforschung und des Deutschen Instituts für Wirtschaftsforschung, 20.7.2017.

90  Statistisches Bundesamt: «Bevölkerung mit Migrationshintergrund 2017 um 4,4 % gegenüber Vorjahr gestiegen», Pressemitteilung Nr. 282, 1.8.2018.

91  Bundesagentur für Arbeit: «Fluchtmigration», in: Berichte: Arbeitsmarkt kompakt, Nürnberg, Oktober 2018.

92  Marten Blix: Digitalization, Immigration and the Welfare State, Stockholm 2017, S. 2.

93 Deutscher Presserat: Pressekodex Ziffer 12.

94 Joachim Röderer: «Freiburger Polizei klärt mehr Fälle auf», in: *Badische Zeitung*, 19.3.2018.

95 Ralf Fücks: «Liberalismus erneuern!», in: *Zentrum Liberale Moderne*, 13.12.2018, url: https://libmod.de/ralf-fuecks-liberalismus-erneuern/, abgerufen am 16.1.2019.

96 Interview mit Philip Rosenthal: «Vermögen kann ein großer Nachteil sein», in: *Der Spiegel*, 13.5.1968.

97 Cremer, Deutschland ist gerechter als wir meinen, S. 265 f.

98 Joachim Wolff: Sanktionen im SGB II, Anhörung im Landtag von NRW, Stellungnahme des Instituts für Arbeitsmarkt- und Berufsforschung 2 (2014), url: http://doku.iab.de/stellungnahme/2014/SN0214.pdf, abgerufen am 16.1.2019.

99 «Fachkräfte-Mangel zwingt Osteuropas Wirtschaft in die Knie», in: *Die Presse*, 31.10.2016.

100 Alexander Betts und Paul Collier: Refuge. Transforming a Broken Refugee System, London 2017, S. 129.

101 Timothy Garton Ash: «Liberal Europe isn't dead yet. But its defenders face a long, hard struggle», in: *The Guardian*, 9.7.2018.

102 Karen Horn: «Die rechte Flanke der Liberalen», in: *Frankfurter Allgemeine Sonntagszeitung*, 17.5.2015.

## ÜBER DEN AUTOR

Nikolaus Piper, geboren 1952 in Hamburg, war langjähriger Wirtschaftsredakteur und USA-Korrespondent der *Süddeutschen Zeitung*. Seit seiner Pensionierung schreibt er weiterhin die Wirtschaftskolumne «Pipers Welt» für die Süddeutsche. 2001 gewann er den Ludwig-Erhard-Preis für Wirtschaftspublizistik, 2003 erhielt er den Deutschen Jugendliteraturpreis für seine «Geschichte der Wirtschaft». Sein Buch «Die Große Rezession. Amerika und die Zukunft der Weltwirtschaft» wurde 2009 mit dem Deutschen Wirtschaftsbuchpreis ausgezeichnet.